KB076984

타인의 감정이 나를 지배하지 않도록

타인의 감정이
나를 지배하지
않도록

캐런 케이시 지음
방수연 옮김

Change Your Mind and Your Life Will Follow

센시오

목차

《타인의 감정이 나를 지배하지 않도록》을 쓴 지 십 년이 됐다니 감회가 새롭습니다. 그때도 나는 지금처럼 미네소타 호숫가 집에 자리를 잡고 앉아 새벽녘에 컴퓨터 자판을 두들기고 있었습니다. 지키려고 했던 마감일이 있었고 생각이 머릿속을 빠르게 채웠다 빠져나가기를 반복했습니다. 거의 의식할 새도 없이 문장이 쏟아져 나왔습니다. 발상이 계속 떠올랐지요.

　나는 내가 하기로 되어 있는 바로 그 일을 하고 있다는 확신에 차 있었습니다. 글을 쓰며 좋았던 점이 이겁니다. 나는 컴퓨터 앞에 앉으면서 '내가 이해하는 신'이 나를 불렀다는 사실을 의심한 적이 없습니다. '신'의 부름을 처음 받은 1981년에는 이곳에서 멀지 않은 곳에서 펜과 노트를 쥐고 앉아 문장을 써 내려갔고, 그 문장들은《날마다 새로운 시작을Each Day a New Beginning》이라는 첫 책이 됐습니다. '신'의 수많은 말을 듣고 쓰며 여러 권의 책을 엮느라, 그동안 눈코 뜰 새 없이 바빴습니다. 나는 정말 운이 좋았습니다.

이렇게 앉아서 인생에서 괴롭고 즐거웠던 수많은 경험을 돌이켜 보니, 단 하나도 바꿀 것이 없다는 확신이 듭니다. 지난 경험에 내 이름이 입혀져 있다고 믿습니다. 내가 만난 사람은 모두 나를 만나기로 약속된 것입니다. 내가 배운 것은 모두 이 세상에 와서 내가 답을 구하려 했던 것들입니다. 이렇게 마음가짐을 가지면 엄청난 안도감이 찾아옵니다. 덕분에 나는 인생이 앞으로 얼마큼 남았든 예정된 대로 풀려간다고 믿을 수 있습니다. 인생길에서 나와 마주치는 이들도 모두 이렇게 믿었으면 좋겠습니다. 우리는 만나기로 되어 있으니 만날 겁니다. 우리는 이 세상에 배우러 온 교훈을 배울 겁니다.

지금 당신 손에 들려 있는 이 책을 출간한 지 딱 십 년이 지났습니다. 새롭게 다시 살펴보니 마음이 기쁩니다. 단어 하나하나가 여전히 와닿습니다. 술을 몇 년째 끊고 있는지 햇수를 고쳐 쓰는 것 말고 바꿀 단어가 하나도 없다니. 사실 놀랍기도 합니다. 애초에 내용을 잘 전달했기 때문일까요? 아니면 그때 쓴 내용은 그때 나누는 것이 딱 적당했다고 믿기 때문일까요? 지금 나눠야 할지도 모르는 메시지는 다른 책에 실리게 될 겁니다.

독자들과 함께한 여정은 내 인생에서 크나큰 축복이자 선물이었습니다. 책들을 통해 독자들과 우정을 키울 수 있었습니다. 덕분에 삶이 목적으로 충만해졌습니다. 우리는 저마다 목적을 가지고 태어났습니다. 이 보편적 진리가 너무나도 기쁩니다.

날이면 날마다, 이 진리가 나를 다음 여정으로 이끈다고 생각하면 입술에 긴장이 풀리며 깊은숨이 빠져나갑니다. 우리가 지금 이곳에 있는 데에는 의도가 있습니다. 우리가 다른 곳에 있게 된다면 그 역시 의도가 있을 겁니다.

당신의 가슴이 감당할 수 있는 만큼 확신을 품고 인생길을 한 걸음 한 걸음 나아가길 바랍니다. 그리고 애정이 담뿍 담긴 목소리로 우리 이름을 부르는 이 길 위에서 계속 마주칠 수 있길 바랍니다.

타인이 아닌, 나를 향해 걷는 길

나는 셋째 딸로 태어났습니다. 어머니는 아이를 더 원하지 않았지만, 아버지는 아들을 원했습니다. 확신할 수는 없지만 나는 어머니가 출산을 앞두고 느꼈던 불행을 자궁 속에서 감지했던 것 같습니다. 예전 심리 상담사도 그렇게 생각했습니다. 내가 태어나고 이년 뒤 넷째 아이가 아들로 태어났습니다. 아버지는 뛸 듯이 기뻐했지만 어머니는 훨씬 더 슬퍼졌습니다.

아버지가 쉴 새 없이 분통을 터뜨리고 어머니가 슬픔에 잠기는 이유가 나 때문인지 알아내려고 눈치를 살피던 어린 시절 기억이 떠오릅니다. 내가 어떤 감정을 느끼고 어떤 행동을 해야 할지 몰라서 부모님 얼굴을 뜯어보는 습관이 자연히 몸에 뱄습니다. 그러면서도 나는 두 분과 눈을 마주치지 않으려고 애썼습니다.

나는 거의 늘 두려웠습니다. 두려움 때문에 얼어붙기도 했습니다. 월요일 아침이면 학교로 돌아가 부모님처럼 무섭고 불편한 선생님들을 마주해야 한다는 생각에 일요일 오후면 구역질이 날 정도로 아파서 저녁까지 거실 소파에 누워 있을 때가 많았지요. 속이 뒤집히는 증상은 유년기 내내, 그리고 성인이 되어서까지 나를 따라다녔습니다.

고등학생이 됐을 무렵에는 불안을 떨치려고 들인 습관, 그러니까 다른 책에서도 간간이 말했듯 공상의 세계로 도피하는 습관이 자리 잡았습니다. 나는 가족과 보내는 시간을 최대한 줄이고 싶어서 겨우 열다섯 살에 나이를 속이고 백화점에 취직했습니다. 방과 후와 토요일마다 일을 나가니, 가족과 마주쳐야 하는 시간을 많이 줄일 수 있었습니다. 하지만 불행히도 불안한 마음에는 아무 도움이 안 됐습니다.

우리 네 남매는 자라나면서 끊이지 않았던 집안 불화를 입에 올려본 적이 없습니다. 서로 거의 대화를 하지 않아서. 나로서는 부모님의 다툼이 언니들이나 남동생에게도 두려움을 일으켰는지 알 길이 없었습니다. 인정은 하지는 않았지만, 다들 아버지의 심기를 거스르지 않으려고 집안을 살금살금 돌아다녔던 것 같습니다. 어쩌면 우리가 서로 단절됐던 것은 두려움이 '진짜 현실'이 되어서 들이닥치지 못하게 하려는 시도였는지도 모릅니다.

우리는 최근에 와서야 집안에 감돌던 긴장을 주제로 말을 꺼냈습니다. '문제 가정'의 구성원은 저마다 현실을 다르게 인식합니다. 그러니 그 시절을 나처럼 생생하게 기억하는 사람이 없다는 사실도 놀랍지 않았습니다. 언니 하나는 전혀 기억하지 못했습니다.

나는 고등학교 시절 내내 '잘나가는 무리'에 속했지만 늘 약간 외톨이 같은 느낌을 받았습니다. 가족에게 평상시 하던 습관처럼 나를 얼마나 좋아하는지 보려고 친구들 표정을 자주 살폈습니다. 친구들은 내가 얼마나 자신감이 없었는지 몰랐을 겁니다. 두렵다는 말을 전혀 꺼내지 않았으니까요. 사실 그럴 필요가 없었습니다. 나는 열다섯 살 때 불안을 줄여주는 완벽한 물질을 발견했으니까요. 바로 술이었습니다.

나는 처음부터 중독자처럼 술을 마셨습니다. 물론 매일 취해 있지는 않았지요. 술을 매일 마시기 시작한 것은 결혼한 다음부터였습니다. 어쨌든 술이 들어가면 바로 편안해졌고, 두려움에서 해방되는 기분이 들어서 너무 좋았습니다. 술을 자주 마셔도 부모님에게 꾸지람을 듣거나 눈길을 받을 일은 없었습니다. 부모님도 술을 마셨고 부모님의 형제자매나 친구들도 마찬가지였습니다. 관심을 끌지 않으면서 술에 빠져들기 쉬운 환경이었지요. 게다가 가족 모임이 잦았던 덕분에 나는 그때마다 한 손에는 술잔을, 한 손에는 훔친 담배를 든 채 조용히 사라질 수 있었습니다.

1957년 나는 마지못해 대학에 들어갔고 당시 내 목적은 단 하나, 흥청망청 놀기 좋아하는 남편을 찾는 일에 몰두했습니다. 대놓고 그렇게 말하지는 않았지만 누가 봐도 속내가 뻔했습니다. 실제로 나는 성공했습니다. 첫 결혼 생활은 내가 퍼듀대학교 졸업반일 때 시작됐고 매우 놀랍게도 12년 동안 지속됐습니다. 술은 처음에는 접착제처럼 우리를 이어주었으나 나중에는 관계에 독이 됐습니다. 그러려고 했던 것은 아니지만 우리는 서로에게 상처를 줬습니다. 몇 번이고 반복해서 그랬습니다.

결혼 생활이 파경에 이르기 훨씬 전, 남편이 대학원에 가면서 우리는 미네소타로 이사했습니다. 술과 남편의 외도 때문에 인생의 고통이 극심해졌던 시기였습니다. 이혼할 무렵 나는 통제할 수 없을 정도로 알코올중독에 빠진 상태였지만 기적처럼 대학원 일정을 능숙히 소화해내고 있었습니다. 돌이켜 보면 내가 박사 과정을 얼마나 쉽게 지나왔는지 놀라울 따름입니다. 학위를 따겠다고 미네소타에 온 것은 분명히 아니었습니다. 하지만 술이 자신감에 기름을 부었고 달리 할 일도 제대로 된 인생 계획도 없던 나는 대학원에 진학했습니다.

당시 술을 마시고 있지 않았다면 대학원에 갈 엄두도 못 냈을 겁니다. 나는 인디애나와 미네소타에서 8년 동안 초등학교 교사로 일했고, 내가 다른 일을 할 수 있을 만큼 똑똑하다고 생각해 본 적이 없었습니다. 쌓여가는 A 학점을 보고 나보다 놀란 사람도 없었습니다. 하지만 그 당시 여전히 두려움에 지배당하고 있었습니다. 타인, 특히 남성에게 끊임없이 관심과 인정을 받고 싶은 욕구에서 벗어나지 못했습니다. 결국 술이 제구실을 못하게 되어 다행이었습니다. 1976년 술과 약물을 끊으면서 나는 그야말로 막다른 길로 향하던 삶을 구할 수 있었습니다.

나는 술을 끊으며 우연은 없다는 사실을 깊이 깨달았습니다. 우리가 어디에 있는지, 내가 지금 어디에 있는지에는 다 의도가 있습니다. 물론 당신도 마찬가지입니다.

이런 관점을 키웠던 수년 동안 나는 여러 영성의 길을 탐색하기도 했지만 모든 지식의 원천이라고 믿는 내면의 목소리에 귀 기울이려 했습니다. 알아야 할 것은 모두 내 안에 있다는 관점을 취하니 인생의 모든 측면이 이해됐고 수월하게 풀려나갔습니다. 이 관점은 결정을 내릴 때도 영향을 주었습니다. 수십 권의 책을 쓰고 출간할 수 있게 나를 이끌었지요.

이 책에는 관점의 힘에 대한 믿음을 담았습니다. 에이브러햄 링컨은 "사람은 마음먹은 만큼만 행복하다."라고 말했습니다. 나는 이 생각이 마음에 듭니다. 이렇게 생각하면 삶의 과제가 단순해집니다. 우리는 마음만 먹으면 더 나은 삶을 살 수 있습니다. 선택은 우리 몫입니다. 어디로 가든 우리는 자신이 결정한 모습대로 살아갑니다.

우리가 결정합니다. 이것은 정말 놀라운 사실입니다. 쓸쓸한 인생을 살지, 달콤한 인생을 살지는 우리가 결정합니다. 매 순간 평화로 대응할지, 두려움으로 대응할지는 우리가 결정합니다.

사실 인생을 '더 달콤하게' 만드는 데는 그리 큰 노력이 들지 않습니다. 다만 의지는 필요합니다. 인생길에서 마주치는 경험과 인생의 동반자를 바라보는 관점을 조금 바꿀 의지 말입니다. 우리는 모든 사람과 사건을 잠재적인 위협이나 장애물로 인식하는 대신 평화로워질 기회로 접근하는 선택을 할 수 있습니다. 평화적인 대응을 선택할 때마다 우리 자신의 행복뿐 아니라 평화로운 삶을 위한 길이 열립니다. 이 책에서 자기 치유를 도와줄 열두 가지 원칙을 소개합니다. 딱 열두 가지 원칙만 익히면 됩니다, 그뿐입니다. 함께하겠습니까?

PART 1

타인의 종잡을 수 없는 감정에
흔들린다면
나를 잃을지도 몰라

우리는 살면서 관심의 초점을 타인에게 두곤 합니다. 대부분의 사람이 그렇습니다. 때때로 타인을 소리 내어 평가하고 비판하는 일은 또 어떻습니까. 우리는 삶의 여정을 함께하는 이들을 분노나 수치심, 죄책감으로 통제하려고 합니다. 여기에 반가운 소식이 있습니다. 이제 우리는 그러지 않아도 된다는 겁니다.

타인에게 몰두하고 심지어 내 뜻대로 움직이려는 것은 얕은 대응일 뿐입니다. 물론 그렇게 하면 잠깐이나마 내가 가진 근본적인 문제를 외면할 수는 있습니다. 하지만 우리가 타인의 삶을 통해서 마주하는 진실은 타인의 부정적인 모습이 결국 내 모습이라는 아이러니입니다.

가족, 친구, 이웃, 심지어 마트에서 지나치는 사람들, 막히는 도로에서 마주친 앞차 운전자들 또한 모두 예외 없이 나를 비추는 거울입니다. 우리가 그들에게 보이는 반응은 곧 우리 내면의 결점을 그대로 비춰줍니다. 타인이 각자의 삶을 살도록 놓아두세요. 우리가 실제로 통제할 수 있는 유일한 대상은 자신뿐입니다. 자신 삶에 어떻게 대응할 것인지를 다루는 일로 돌아가야 합니다.

나의 삶에 집중하라

타인의 삶에 끼어드는 습관은 보통 어려서부터 시작됐을 가능성이 큽니다. 부모가 타인의 행동이나 의견을 비난하는 것을 고스란히 보고 자라서입니다. 하지만 타인의 행동을 강제로 바꾸거나 통제하고 싶은 욕망은 내 안에 있는 불안과 불만을 끌어올립니다. 부질없이 배우자나 친구를 바꾸려고 노력하며 허송세월을 보낸 경험이 다들 있을 겁니다. 이제 우리는 타인을 통제할 수 없을뿐더러 심지어 판단할 대상도 아니라고 마음속 깊이 새기는 게 좋습니다. 우리는 스스로를 책임지는 것만으로도 충분합니다.

다시 한번 기억하세요. 타인은 내 책임이 아닙니다. 타인의 행동, 생각, 꿈, 문제, 성공, 실패, 모두 마찬가지입니다.

자녀에게도 부모로서 어찌할 수 없는 각자의 길이 있습니다. 자녀에게 본보기를 보이고, 올바른 행동과 삶을 가르치고 한 지붕 아래 사는 동안 지켜야 할 '집안 규칙'을 따르게 할 수는 있습니다. 하지만 부모의 바람이나 노력과는 상관없이 무엇을 하고 어떤 사람이 될지는 결국 자녀의 몫이라는 것을 기억해야 합니다. 나중에는 이 사실에 감사하게 될 것입니다.

나 자신만 책임지면 된다는 것은 사실 매우 기쁜 일입니다. 내 삶에만 집중하면 되는 겁니다. 무거운 부담에서 벗어나 자유로워지세요. 이는 보람 없는 노력 끝에 찾아오는 낭패감을 맛보지 않을 아주 반가운 소식입니다. 내 생각과 행동을 살피는 것만으로도, 과거를 뒤로하고 현재를 음미하는 것만으로도 시간은 바쁘게 흘러갑니다. 이 얼마나 홀가분한가요. 바로 이것이, 바로 이것만이 우리가 이 세상에 존재하는 목적입니다. 자기 삶을 살고 자기 일을 하며, 다른 사람도 그렇게 하도록 놓아두세요. 그럴 때 비로소 우리가 구하는 그리고 누려 마땅한 평화를 얻게 될 것입니다.

타인을 놓아주어라

내가 원하는 모습으로 바뀔 가능성이 없는 사람에게 매달려 본 적이 있을 겁니다. 그것이 상대에게, 어쩌면 나에게 가장 도움이 되는 모습이라고 생각했을 테지요. 짧게는 몇 시간에서 수주…… 여러 해를 걸쳐 간절한 마음으로 시간을 쏟아부었을지도 모릅니다. 하지만 끝내는 손에 쥔 거 하나 없이 무의미한 노력이 된 일들을 기억할 겁니다. 이는 인생 낭비를 넘어서 비극입니다. 이제 그만두어야 할 때입니다.

물론 처음엔 이런 것들을 이해하는 데 시간이 걸릴 겁니다. 나 또한 그랬습니다. 처음 12단계 회복 워크숍(수용, 신뢰, 고백 등을 바탕으로 하는 알코올중독에서 회복하고자 하는 사람들 모임으로 A.A.로 불린다—옮긴이)에서 '내려놓기'라는 개념을 처음 접했을 때는 거부감이 들었습니다. 그도 그럴 것이 나는 상대가 올바른 결정과 행동을 하도록 도와야 한다고 생각하는 사람이었기 때문입니다. 사랑한다면 더욱더 그래야 한다고 믿었습니다. 개입할 상황이면 적극적으로 통제해야 한다고도 생각했습니다. 그게 관심이고 내가 해야 할 일이라고 확신했죠. 하지만 '내려놓기'라는 마음공부 덕분에 배우자, 가족, 친구, 이웃, 우연히 만난 낯선 사람들, 그 어떤 누구라도 자기 모습 그대로 살아가야 함을 깨달았습니다. 누구든 실수를 직접 경험해 보아야 합니다. 그 과정에서 배운 것들, 스스로 이룬 나름의 성공을 축하할 이유가 있어야 합니다.

이처럼 부질없는 행동을 내려놓아야 할 이유는 많습니다. 무엇보다 중요한 이유는 다른 사람을 통제하는 일은 절대 성공할 수 없다는 것입니다. 그리고 타인이 어떻게 사는지 또는 어떻게 살아야 하는지에 몰두한다면 삶에서 평화를 절대 경험할 수 없다는 것입니다. 평화로워지고 싶다면 타인이 어떤 인생을 선택하든 놓아두세요. 그리고 단 하나의 인생에만 마음을 쓰세요. 바로 자신의 인생입니다.

타인과 거리를 두자

타인이 내 삶의 중심이 되는 것만큼이나 내가 타인의 삶의 중심에
서는 일은 자연스럽지 않습니다. 물론 그 어떤 이득도 없습니다.
귀중한 시간을 들여 내가 타인의 삶에서 어떤 위치에 있는지 혹은
그래야만 하는지 고민할 필요가 없습니다. 이 진실이 우리의 기존
인식을 흔들 수도 있겠지만 이제는 받아들이고 이해해야 합니다.
물론 사람들과 소통하는 것이 가치가 없다는 얘기가 아닙니다. 타
인을 지레 멀리하라는 것도 아닙니다. 건강하지 않은 방식으로 의
존하는 일이 없도록 타인의 생각과 행동을 무시하라는 말 또한 아
닙니다. 조금 떨어져서 타인을 관찰하는 것만으로도 가르침과 깨
달음을 얻을 수 있다는 말입니다.

　타인과 일정한 거리를 두면 관계는 균형을 이룰 수 있습니다. 거
리를 두면 어디까지가 내 책임이고, 어디서부터가 상대의 책임인
지가 한눈에 드러납니다. 하지만 타인에게 너무 다가가면 감정적

으로 묶이게 될 수밖에 없어서 결국 균형감을 잃게 됩니다. 그렇게 되면 나의 내적 성장에도 부정적인 결과를 낳게 됩니다.

안타깝게도 타인과 얽히는 데서 안정감을 느끼는 이들이 있습니다. 나에게 끊임없이 관심을 주고, 모든 행동을 함께하며, 사소한 생각도 공유하는 사람이 곁에 있어 주길 바라는 거죠. 하지만 그런 사람과의 사이는 관계라기보다는 의존이라 불러야 맞습니다.

진정한 평화로 이끄는 관계는 언제나 상호의존적입니다. 그럴 때 우리는 각자의 삶을 귀하게 여기며 살 수 있습니다. 우리 인생의 동반자들 역시 그렇게 살도록 놓아두되, 유기적으로 연결되는 관계가 우리에겐 필요합니다.

타인을 인질로 잡지 마라

타인의 일에 간섭할 때 스스로 가치 있는 일을 한다고 믿는 사람들이 많습니다. 다른 사람들이 각자의 인생길을 걷도록 내버려 두기가 왜 그리도 어려울까요? 우리는 왜 타인이 스스로 선택한 인생을 가만히 지켜보는 대신 간섭하려고 들까요? 분명하게 얻을 것도 없는데 말입니다. 단순히 '내 부모가 그랬기 때문에 나도 그랬어요'는 충분한 이유가 되질 않습니다. 부모의 잘못된 부분을 닮지 않으려 노력하는 경우도 많으니까요. 분명 다른 이유가 있습니다. 내 얘기를 해보죠.

나는 마음공부를 한 30년쯤 하면서 어느 정도 정서적으로 영적으로 성장했다고 생각합니다. 이런 시간을 거치면서 내린 결론입니다. 내가 타인에게 신경 쓰는 것, 그러니까 '타인을 인질로 잡는 것'은, 결국 내 안의 불안감 때문입니다. 인질이라니, 고개가 갸우뚱하지요. 우리가 타인의 행동과 그 결과에 몰입하는 이유는 이렇습니다. 내가 이전까지는 깨닫지 못했던 어떤 가치를 타인이 내 삶에 더하거나 빼앗아간다고 생각하기 때문입니다. 타인이 만들어낸 가치를 통해 내 삶을 정의하려고 드는 겁니다.

내 마음의 평화가 타인의 종잡을 수 없는 마음에 좌지우지된다는 것은 슬픈 일입니다. 우리는 알면서도 왜 이런 상황에서 벗어나지 못할까요? 왜 계속해서 같은 행동을 반복할까요? 그건 사랑하는 사람의 삶을 도와주려는 내 의지와 행동이 좋은 일처럼 생각되기 때문입니다. 얼핏 보기에도 그 얼마나 매력적입니까. 하지만 냉정하게 말해서 그렇게 하면 결국엔 두 사람 모두의 삶은 좋아지지 않습니다. 자기 삶을 스스로 책임지는 일은 누구나 겪어야 하는 경험입니다. 타인의 삶에서 일어나는 모든 일은 오로지 그 사람과 신의 몫일 따름입니다.

나 혼자 겪는 일이든, 아니면 타인과 함께하는 경험이든 어떤 일에서 때로 신을 떠올려 보세요. 그럴 때 관점이 완전히 달라집니다. 그 모든 경험을 신이 기획한 것이라 생각한다면 오래도록 혼란스러울 일은 없을 것입니다. 물론 그렇다고 해서 스스로 아무것도 안 해도 된다는 건 아닙니다. 매 순간 내 삶에 책임을 지고 옳은 일을 하세요. 가벼운 노력이 필요한 날도 있을 것이고, 때로는 아주 구체적이고 치밀한 노력이 필요한 날도 있을 것입니다. 그 모든 날에 신은 곁에서 우리를, 나를, 그리고 모두를 인도함을 기억하세요. '신의 손길이 닿지 않는 곳'에 놓인 이는 아무도 없습니다.

PART 2

사소한 일은 사소하게

문제를 해결하려면 문제에 덤벼들어야 한다고 생각하기 쉽습니다. 문제를 곱씹고, 다방면에서 살피고, 원인을 진단하고, 이전에 통했던 것처럼 보였던 온갖 해결 방법을 동원하느라 분주합니다. 하지만 문제의 답은 정작 문제 안에 있는 경우가 대부분입니다. 그렇습니다. 문제는 우리가 만들고 부풀리는 것입니다. 문제란, 자아가 생겨날 때까지 우리가 계속 관심을 주며 키울 때만 존재합니다.

인생에서 '상상만으로 만든 문제'에 대해 다르게 생각해 보세요. 마음을 바꾸면 인생의 모든 경험도 바뀐다는 것을 잊지 마세요.

평범한 상황을 큰일로 만들지 마라

평범한 상황이라고 하면 무엇일까요? 예를 들면 택배가 오지 않아서 전화를 걸었는데 계속 대기 중인 경우가 있습니다. 컴퓨터가 고장 나서 프로젝트 진행을 못하거나, 리모델링이 늦어지거나, 마트에서 줄을 서다가 시간을 날리는 경우도 있습니다. 교통 체증에 걸리는 것도 빼놓을 수 없겠죠. 늘 일어날 수 있는 일이지만 우리가 문제라고 생각하면 문제가 됩니다. 그리고 우리는 그렇게 하지 않을 수 있습니다.

물론 우리 삶에는 진짜 위기가 찾아오기도 합니다. 그런 상황이라도 새로운 성장의 기회로 삼을 수 있습니다.

미네소타대학교에서 일할 때 만난 현명한 동료가 생각납니다. 그는 교통 체증에 걸리면, 그 시간을 앞차에 있는 모든 사람들을 위한 기도 시간으로 삼았습니다. 그러면 마음이 편해지고 정체됐던 도로도 곧 뚫리는 듯했다고 합니다. 이것이 사실인지는 모르겠지만, '문제'에 직면했을 때 기도와 같은 행동을 통해 마음이 가벼워진다는 것은 확실합니다. 기도는 상황이나 사람에게 해를 주지 않습니다. 오히려 도움이 됩니다.

줄을 서든, 교통 체증에 빠지든, 컴퓨터가 망가지든, 어떤 상황이든 우리의 삶과 그 순간에 신을 초대할 수 있는 기회로 받아들이세요. 그러면 인식이 바뀌고 삶이 변합니다. 인식의 변화가 삶의 변화라는 것을 잊지 마세요. 이것은 우리가 믿을 수 있는 확실한 원칙입니다!

과민반응하지 마라

오래전 미네소타대학교에서 박사 과정을 마무리하던 시절 과민반응에 대해 배운 일이 있습니다. 심사를 맡았던 다섯 교수님 중 네 분은 논문을 승인해 주셨지만, 한 분은 차일피일 승인을 미뤘습니다. 더욱이 그 교수님과는 약속조차 잡기 어려웠습니다. 승인해 줄 마음이 없는 게 아니냐는 생각이 들 정도였습니다.

논문 지도교수님은 일단 구두 발표 날짜를 정하라고 권했습니다. 그래서 일단 일정을 잡고, '버티고 있던' 교수님께 만나달라고 요청했습니다. 교수님을 만나러 가는 길은 두렵기도 했지만, 희망도 있었습니다. 연구실에 가니, 그 교수님은 이렇게 말했습니다. "이거 다시 써야겠네." 나는 깜짝 놀랐고 이내 눈앞이 캄캄해졌죠. 잠시 가만히 앉아 생각을 가다듬었지만, 생각은 이미 이런저런 무서운 시나리오를 넘나들었습니다. 소리를 지르며 심한 욕을 한 뒤 연구실을 뛰쳐나가고 싶었습니다. 교수님 네 분은 이미 내 논문을 극찬하며 제시간에 맞춰 승인했으니 나는 이 교수님을 망신 주고 싶은 마음이 솟구쳤습니다.

나는 우선 말을 꺼내기 전에 숨을 깊이 들이쉬고 내쉬었습니다. 그러자 기적이 일어났습니다. 내 안의 어떤 힘이 생각을 장악했고, 교수님이 걱정하는 내용을 나는 함께 검토해 보자고 차분히 제안하고 있었습니다. 방금까지만 해도 욕설을 퍼붓고 달아나고 싶었는데, 이런 말이 어디서 나왔는지 모를 일이었죠. 나는 침착함을 유지했고 과민반응하지 않았습니다. 오히려 차분히 대응했습니다. 사실 대응하지 않았다는 것이 정확할 겁니다. 그저 그의 '비판'에 침착하게 대답했습니다.

그러고 나서 나는 300쪽 가량 되는 논문에서 교수님이 지적한 부분을 하나하나 설명하기 시작했습니다. 사실 나는 내가 무슨 말을 하는지 잘 몰랐습니다. 다시 말해 말하라면 못했을 겁니다. 집에 가서도 내가 했던 말을 단 한마디도 남편에게 전할 수 없었습니다. 마치 유체 이탈을 경험한 듯 느껴졌습니다. 나는 내가 교수님의 비판을 반박하는 모습을 지켜봤고, 세 시간 반 뒤 그는 내 논문을 극찬하며 승인했습니다.

날아갈 듯한 기분으로 연구실을 나왔으나 동시에 무척 혼란스러웠습니다. 나는 분명히 교수님의 질문에 어떻게 답해야 할지 몰랐습니다. 그런데도 내 안 깊은 곳 어딘가에 답이 있었던 겁니다. 내가 오래된 습관대로 그의 비판에 과민하게 대응했다면 아마 학위를 받지 못했을지도 모릅니다. 그런데 이 경험 덕분에 박사 학위보다 더 소중한 두 가지 교훈을 얻었답니다. 첫째 침착함을 유지하면 상황과 공포가 완화될 수 있다는 것, 둘째 원하기만 한다면 내면의 지혜를 듣고 따를 수 있다는 것입니다.

나는 그때 연구실을 나오며 느꼈던 감정을 절대 잊지 못합니다. 그 후 답은 늘 내 안에 있다는 사실도 마찬가집니다.

과민반응을 그만두겠다고 결심해 보세요. 인간관계가 훨씬 더 원만해질 겁니다. 과거에는 거의 경험하지 못했던 평화로 가는 길이 펼쳐집니다. 우리 안에 있는 지혜로 향하는 문도 열릴 겁니다. 모든 상황에서 과민하게 반응하는 습관을 버리기 어렵다면 하루에 한 번만이라도 과민반응을 멈추세요. 내 삶은 물론 모든 관계가 전혀 예상하지 못한 방식으로 영향받을 겁니다. 변화는 나 자신뿐만 아니라 나와 관계를 맺는 모든 사람에게 영향을 미칩니다.

아무것도 하지 마라

누군가 나를 '대놓고' 공격하거나 시비를 걸면, 보복하고 싶은 욕구에 휩싸이기 마련입니다. 나도 예전에는 그런 상황에서는 작정하고 더 심하고 악랄한 말로 맞받아치곤 했습니다. 아버지와 나는 이런 '한바탕 난리굿'에 쉽게 빠져들었죠. 아버지가 나뿐만 아니라 남동생이나 어머니를 공격하면 발끈하고 나섰습니다. 이긴 사람은 아무도 없었습니다. 내 행동이 어머니에게 도움이 된 것도 아니었습니다. 남동생이나 내게도 마찬가지였죠. 화가 난 이유가 있었다고 생각했지만, 그 이유는 금방 온데간데없이 사라졌답니다. 오히려 대부분 부끄러움이나 죄책감, 당황스러움, 또는 더 괴로운 감정이 밀려왔습니다. 내가 보인 반응을 되돌아보고 기분이 좋았던 적은 한 번도 없습니다. 그럼에도 사과할 마음도 좀처럼 들지 않았습니다.

언어적으로, 심지어 신체적으로 '공격'당했다고 해서 당연히 대갚음할 필요는 없습니다. 하지만 그 시절 나는 깨닫지 못했습니다. 어렸을 때는 자리를 피하면 항복으로 여겼고 내 주장을 납득시켜야 한다는 의지에 불탔습니다. 계속 그렇게 반응했습니다. 자리를 피한다고 해서 상대에게 동의한다는 뜻이 결코 아님을 이해하지 못했던 겁니다. 오히려 그 상황에서 빠져나오겠다는 적극적인 선택임을 몰랐던 겁니다. 그리고 내겐 자리를 피하는 연습을 할 기회는 아주 많았습니다. 아버지나 첫 남편, 오랫동안 함께 일한 상사가 그런 대상이었죠. 그런데도 중독에서 회복할 때까지, '공격이라는 것'을 가해자가 두려움을 느끼고 있다는 신호로 해석해 본 적이 단 한 번도 없었습니다. 하지만 사실은 그런 경우가 대부분인데도 말이죠.

하지만 요즘에는 예전의 나 같으면 분노를 불러일으켰을 상황을 흘려보내는 일을 즐기기까지 합니다. 이런 선택을 할 때마다 힘을 얻어지는 느낌까지 듭니다. 나이가 들수록 화를 내서 도움이 되는 상황은 없다는 사실을 더욱더 깨닫는 거죠. 일상에서 나와 내 삶을 실제로 위험에 빠뜨릴 수 있는 상황은 사실 매우 적습니다. 일상에서 매번 의미 없는 다툼에 휘말린다면 우린 결코 평화를 경험할 수 없습니다. 모든 상황을 고려했을 때 아무것도 하지 않는 것이 내가 할 수 있는 가장 유익한 일인 경우가 많습니다.

혼란에서 빠져나와라

하객 대부분이 신랑 측 가족이었던 친척 결혼식에 참석했던 적이 있었습니다. 남성 호르몬에 술이 더해지며 사람들 사이에 시비가 붙었고 여럿이 눈물을 쏟은 끝에 경찰까지 출동했습니다. 그때는 나까지 일을 키울 필요가 없다는 생각이 들었습니다. 그 소동 한복판에 있다는 것 자체가 소동을 키우는 일이었고 내 마음 역시 혼란으로 가득 찰 것이 뻔했죠. 나를 비롯해 그 상황을 벗어나고 싶었던 사람들은 소란을 계속 피우고 싶어 하는 사람들에게 그날의 저녁을 넘기고 자리를 떴습니다. 지금의 혼란은 흔히 과거에 있었던 부정적 기억을 현재로 반추하는 과정에서 일어나는 무질서라고 봅니다. 따라서 혼란에서 빠져나오는 한 가지 방법은 과거에 혼란스러운 일을 겪으며 뇌리에 남은 감정을 절대 현재 경험에 덧입히지 않는 것입니다. 그러려면 마음을 잘 살펴야 합니다. 마음은 앞으로 생길 일을 해석하거나 예상할 때 이전 경험이나 적어도 경험했다고 생각하는 기억 쪽으로 너무도 쉽게 기울기 때문입니다. 기억이 혼란스럽다면 이번에도 자연스럽게 같은 것을 기대하게 되므로 현재의 일상을 혼란으로 몰고 갈 가능성이 커지게 됩니다.

예를 들어 어릴 적 가정 환경이 평화보다 혼란에 가까웠다면, 현재 맺고 있는 중요한 관계에도 그러한 영향을 미치게 됩니다. 하지만 당신은 다른 선택을 할 수 있고 그래야 합니다. 이것은 영성의 길을 걷는 우리에게 희망을 주는 소식이입니다. 늘 행동했던 대로 행동하지 않아도 됩니다! 늘 생각했던 대로 생각하지 않아도 됩니다. 늘 기대했던 대로 기대하지 않아도 됩니다!

이렇게 선택하면 마음은 혼란스러웠던 과거에서 해방됩니다. 물론 지금 인생에서 만난 사람들의 문제에 굳이 끼어들 필요도 없습니다. 일정한 거리를 두는 것은 자신뿐만 아니라 타인에게도 좋은 영향을 줍니다. 혼란과 소동에 휘말리지 않아도 되는데, 이 사실을 아직 깨닫지 못한 사람이 많습니다.

타인의 삶에 끼어드는 것이 습관이 듯, 타인의 삶에서 빠져나오는 것도 습관을 들일 필요가 있습니다. 마음먹기 나름입니다. 마음을 바꾸면 인생도 새롭고 평화로운 방향으로 변한다는 것을 알 수 있을 겁니다. 모든 습관은 연습이 필요합니다. 대부분 나쁜 습관은 집착하고 반복함으로써 우리 몸에 뱁니다. 하지만 이제는 빠져나오는 습관을 연습해야 합니다. 방해하는 것은 아무것도 없어요. 의지만 있다면 가능합니다.

그래서 뭐?

어느 날 친한 친구와 통화하다 "그래서 뭐?"라는 말을 들었습니다. 여느 때처럼 전화를 걸어 관계에 문제가 있다며 푸념을 늘어놓을 때였죠. 위로도 받고 상처받을 만했다는 말을 듣고 싶었죠. 그렇게 나는 수십 번 친구에게 기댔습니다. 그때마다 친구는 기꺼이 내 말을 들어주었습니다. 하지만 그때 친구는 말을 잘랐고 나는 모욕당한 기분에 마음이 상하고 화가 났으며 무척 당혹스러웠죠. '얘가 어떻게 이럴 수 있지? 우리는 친구 사이가 아니던가요?'

나는 친구에게 따지거나 얼마나 마음이 상했는지 말하는 대신 전화를 끊고 몇 시간 동안 생각에 잠겼다가 문득 웃음을 터뜨렸습니다. 친구는 내 불만의 대상이 무엇이 됐든 "그만 툴툴 털어버려." 라고 말하고 있었던 거죠. 내가 늘 하는 불평을 딛고 일어서라는 의미였고, 내 마음을 사로잡아 흔들고 있는 상황을 딛고 일어서 빠져나오라는 일침이었습니다.

내가 상상하고 과장한, 모욕이라고 느꼈던 일을 말하고 싶어서 거의 매번 친구에게 전화를 했었던 것을 깨달았습니다. 우리는 관계에서 있는 그대로의 사랑을 인식하기보다는 무관심의 증거를 찾느라 바쁩니다. 물론 가끔은 사랑이 느껴지지 않는 대우를 받은 때도 있었겠지만, 친구가 "그래서 뭐?"라고 말한 것은 내 과장된 고민을 함께하는 것보다 현명한 선택이었죠. 생각해 보면 그렇습니다.

25년 넘게 애정으로 결혼 생활을 유지하고 있지만, 처음 결혼했을 때 남편이 나를 사랑한다는 증거를 찾아 헤맸습니다. 남편이 계속해서 관심을 보여주길 갈구했습니다. 남편과 나는 둘 다 결혼 생활을 어떻게 해야 하는지 알아가는 중이었고 적어도 처음에는 방법이 서로 잘 맞지 않았습니다. 남편은 여덟 남매이다 보니 제대로 된 관심을 받지 못하고 자랐습니다. 나는 분노가 만연한 집안에서 자랐고요. 우리는 마치 어둠 속에서 바다를 떠다니는 두 척의 배 같았습니다. 나는 '눈에 띄지 않는 것'이 두려웠습니다. 남편은 관심을 어떻게 표현해야 하는지 잘 몰랐습니다. 당연한 말이지만 우리는 타협하는 법을 배웠습니다. 하지만 그만큼 고통도, 끝없는 인내도, 결혼 생활을 유지하려는 헌신도 필요했습니다.

나는 "그래서 뭐?"라는 말의 가치도 알게 됐습니다. 결혼 생활이나 인생의 여러 측면에서 겪는 문제 대부분은 분석이 필요하지 않다는 것을 깨닫게 됐었습니다.

인생이란 어린 시절 나를 좌절시켰던 상황에 어떻게 대처할지를 배워가는 여정이라는 것을 나는 압니다. 내게 모욕을 줬다고 생각했던 사람부터 "그래서 뭐?"라고 말한 친구까지 이 여정을 함께한 이들이 모두 내 인생을 위한 큰 계획의 부분이었다는 것을 알게 된 거죠. 장담하건대 이것은 당신에게도 해당하는 말입니다. 유년 시절과 첫 결혼 생활, 중독의 악순환에 이르기까지 고통스러웠던 지난날이 모두 내가 지금의 모습이 되는 데에 필수적인 요소였다는 것도 나는 이제 압니다.

어떤 경험, 아니 사실 모든 경험을 돌이켜 봐도 "그래서 뭐?"라는 말로 넘기는 편이 나았습니다. 나를 파괴하려 했던 경험은 하나도 없었습니다. 내 마음이 주범이었습니다. 나는 마음이 감정을 지배하게 내버려 뒀고 행동을 좌지우지하게 둘 때도 너무 많았습니다. 결국 좋은 친구의 말을 듣고 교훈을 얻을 수 있었지만, 어렸을 때나 적어도 젊었을 때 이 교훈을 알았더라면 자기 연민에 빠져 허우적대느라 수많은 시간을 낭비하지 않았을 겁니다.

당신은 붙잡을지 내려놓을지를 언제나 선택할 수 있습니다. 다음번에 삶이 당신을 너무 괴롭힌다는 기분이 들거든 자신에게 "그래서 뭐?"라고 말하는 것을 연습해 보고 불안이 떨어져 나가는 것을 느껴보세요.

PART 3

기쁨은 지금 여기에 있다

PART 3

사실 어떤 상황에서 무엇을 하든, 얼마나 완벽히 노력하든 결과는 절대로 통제할 수 없습니다. 때로는 이를 이해하기가 얼마나 어려운 지 모릅니다. 우리는 특정한 결과를 예측할 수 없다는 것을 알면서 도 계획한 대로 일이 풀려나가기를 매번 바랍니다. 또 일이 계획대 로 되지 않으면 탓할 사람을 찾으려고 합니다. 툭하면 자기 자신을 탓하며 괜한 죄책감이나 수치심에 빠지기도 합니다. 결과를 통제할 수 없다는 사실을 믿기가 이토록 어렵습니다.

과거에 일어난 일이 비슷한 상황에서 반복되리라 추정하는 것은 아마도 인간의 특성일 겁니다. 특히 어떤 결과가 실제로 수도 없이 반복됐다면 다음에도 같은 결과를 예측하기 마련이지만 사실 확실 히 그렇다는 보장은 없습니다. 그런데도 같은 결과가 나오지 않으 면 당혹스럽고 억울하며 바보가 된 기분마저 듭니다. 확실히 우리는 '실패'에 지나치게 책임을 느끼는 경향이 있습니다.

하지만 예측 불가능하고 결과를 통제할 수 없는 인생이 우리 책임 일까요? 물론 아닙니다. 우리가 해야 할 것은 노력뿐입니다.

노력한 만큼만이 내 책임이다

노력한 만큼만 내 책임이고, 그다음은 어떻게 되든 내 책임이 아니라고? 몇몇 독자는 피식 웃어버리겠죠. 나도 처음에는 그랬습니다. 나와 관련된 계획이 앞으로 어떻게 될지에 당사자인 내가 어떻게 책임이 없을 수 있을까, 특히 그 계획을 실행에 옮긴 사람이 나라면? 그동안 배운 것과 정반대되는 생각이었습니다!

나만 그런 것은 아니라고 생각합니다. 우리는 대부분 어릴 때부터 노력과 결과가 같다고 교육받았습니다. '시작한 일은 끝을 봐야 하고 결과도 좋아야 한다!' 이런 교훈을 가족에게 배우지 못했다면 보통은 상사나 회사가 일찌감치 나서서 가르쳐줍니다. 우리는 책임감이 강하다며 칭찬받고 책임감이 부족하다며 비판받습니다. 그러니 결과 중심주의에 빠지게 되는 것도 당연하지 않을까요? 책임감 있게 노력하는 것과 결과에 책임을 지는 것이 어떻게 다른지 구별할 수 있게 되려면 용기가 있어야 하고 인간의 한계와 신의 역할을 이해해야 합니다.

나는 "중요한 것은 결과가 아니라 노력이다."라는 말을 12단계 회복 워크숍에서 처음 들었습니다. 인생에 이렇게 접근하면 큰 안도감을 찾을 수 있겠다는 느낌이 바로 들었지만 내가 이 관점을 고수할 수 있을지는 의문이었죠. 나는 결과에 집착하는 성격이었고, 이 말이 12단계 모임에서만 유효하고 밖에서는 통하지 않을까 봐 우려했습니다. 특히 결과가 '부정적'일 때는 밖에서는 여전히 결과에 전전긍긍할 거라고 미리 걱정했습니다.

물론 그럴 수도 있지만 나는 이런 생각을 핑계로 스스로를 통제할 수 있다는 환상을 지속해서는 안 된다는 사실을 곧 깨달았습니다. 노력과 결과가 같다는 사람은 어딜 가나 있을 겁니다. 공동 프로젝트에서 책임의 범위를 착각하는 사람도 분명히 만나게 될 겁니다. 그때는 이 단순한 원칙을 꺼내 들 기회입니다. "계획하고 행동하는 것은 우리가 노력할 몫이지만 그 이상은 아닙니다." 우리는 명확하게 자신이 맡은 영역에서 충분한 책임을 지면 됩니다. 그다음에는 동료나 집단이 어떻게 말하거나 생각하든 손을 떼야 합니다. 쉽지 않겠지만 (아마 비판에도 노출되겠지만) 이것이 옳은 행동입니다.

앞에서 인생의 동반자에 대해 말했습니다. 구체적으로 말하면 가족이나 직장 동료, 친구로 만나 서로 가르치고 배우며 인생 여정을 함께하는 이들이죠. 우리는 인생의 동반자들 덕분에 함께 처한 상황을 어떻게 인식하는지 공유할 기회를 얻지만, 그들이 내 생각을 잘 받아들일 거라고 기대하기는 어렵습니다.

결과가 아닌 노력만 책임질 수 있다는 원칙에 따라 행동해 본 적이 없는 인생의 동반자와 함께하다 보면 경험에서 어떤 부분이 인간의 몫이고, 어떤 부분이 우연한 결과에 속하는지 명확히 이해하게 됩니다. 우리의 행동은 인생의 동반자들을 자극할 수 있습니다. 노력에만 책임을 다 하려는 모습은 상대방에게도 일정한 안도감과 평온함을 찾을 수 있게 해줍니다.

코앞만 보라

행복하고 싶다면 철저히 현재에 살아야 한다는 말을 이미 여러 번 보고 들었을 겁니다. 그만큼 강조할 만한 가치가 있습니다. 보고 들을 때마다 그렇게 해야겠다고 다짐하게 되니 말입니다. 그리고 현재에 집중하려면 다들 알다시피 연습이 필요합니다!

우리는 대부분 미래를 사는 일에 매우 익숙합니다. 어릴 때는 운전할 날을 계획했습니다. 십 대 때는 대학에 가거나 결혼할 날을, 취업을 하면 첫 승진과 그다음 승진을 계획했습니다. 물론 앞일을 생각하는 것에도 좋은 면이 있습니다. 인생에서 직업적이나 개인적으로 이루고 싶은 목표를 계획해야 걸맞은 준비도 할 수 있으니까요. 문제는 현재 경험보다 미래 계획에 빠져 살 때 생깁니다. 그러면 인생이 날마다 주는 교훈을 전부 놓치고 말 겁니다.

우리는 미래 계획에 너무 빠지기도 하지만 동시에 과거에 얽매이기도 합니다. 바로 앞에서 말했듯 우리는 지금 일어나는 일을 이해하려고 으레 지난 경험에 의지합니다. 하지만 현재를 알려고 과거로 가는 순간 현재는 더 이상 보이지 않게 됩니다. 현재는 우리가 자신을 알아보고 음미하며 깨달음을 얻고 감사함을 느낄 때까지 기다려주지 않습니다. 그럴 수가 없습니다. 현재는 한순간에, 마음이 다른 시공간을 떠돌게 내버려 두는 바로 그 순간에 사라집니다.

상투적인 말이 됐을지 몰라도 사실입니다. 지금 이 순간에 집중하지 않으면, 내면의 평화를 얻을 수 없습니다. 마음이 과거로 빠지거나 미래를 향한 기대감으로 옮겨가면, 우리는 후회나 두려움에 사로잡히게 됩니다. 회상이나 기대가 즐거울지라도, 그것은 신이 선택한 아주 특별한 경험이자 바로 지금에만 주어지는 경험을 놓치게 만듭니다. 그러니 지금 이 순간에 집중하고 현재를 즐기세요. 현재는 가장 소중한 선물입니다.

박사 논문 심사 때 교수님과 있었던 일을 다시 언급할게요. 그 순간 내가 과거의 실패나 미래에 대한 끊임없는 두려움이 나를 장악하게 됐다면 대화를 성공적으로 이끌지 못했을 겁니다. 논문을 처음부터 새로 쓰지 않는 한 학위를 받지 못했겠죠. 매 순간 우리가 '알아채기를' 기다리는 신이라는 절대적 존재도 느끼지 못했을 테고요. 왠지 모르겠지만 나는 숨을 깊이 들이쉬고 내쉬면서 지금 이 순간만을 믿어야 한다는 것을 직감했습니다.

우리가 살아갈 순간은 한정되어 있고 이다음 순간이 있으리라는 보장도 없습니다. 수정 구슬을 들여다봐도 남은 시간을 미리 알 수 없습니다. 하지만 마치 보드랍고 도톰한 이불로 몸을 감싸듯 지금 이 순간 속에 푹 묻힌다면 평화를 찾을 수 있을 겁니다. 우리는 신이 바라는 바로 그 방식대로 살게 될 겁니다. 이렇게 살기로 선택했을 때 주어지는 특별한 선물은, 우리 인생을 위한 신의 뜻을 절대 의심하지 않게 되리라는 겁니다. 두려움 속에 살 일도 절대 없을 겁니다. 현재는 곧 평화를 뜻합니다. 의심이 든다면 현재라는 이불 속에 몸을 묻어보세요.

미래 걱정은 그만하라

갑작스럽게 세상을 떠난 친구의 비극적인 사연을 주변에서 심심찮게 들어봤을 겁니다. 나는 (어쩌면 당신도 그럴지 모르지만) 이들이 세상을 떠나던 때 인생을 즐기고 있었을지 늘 생각합니다. '현재에 살고 있었을까, 아니면 앞일을 걱정하느라 바쁘거나 이미 돌아가고 있는 상황의 결과를 생각하며 초조해하고 있었을까?'

걱정은 현재에 살지 않을 때만 가능한 상태입니다. 반복하고 싶지 않은 과거와 고통스러웠던 경험이 미래에도 재현되리라고 예상한다는 증거죠. 우리가 걱정하는 이유는 신이 곁에 있다는 사실을 확신하지 못하기 때문입니다. 신은 과거에도 곁에 있었는데 우리가 가르침에 귀 기울이지 않았던 것이 아닐까요? 신은 확실히 그곳에 있었습니다. 하지만 우리는 없었을지도 모릅니다. 지금처럼 자신의 미래 모습을 상상하고 있었을 수도 있습니다.

마음은 한 번에 한 가지 생각만 품을 수 있습니다. 그렇다면 걱정과 신의 존재 중에 무엇을 품을 건가요?

신은 지금 바로 우리 곁에 있습니다. 미래가 와도 곁에 있을 겁니다. 다만 기억해야 할 점은 신의 존재는 순간순간에만 경험할 수 있으므로 우리도 매 순간에 나타나야 한다는 겁니다. 관계와 직업, 꿈, 포부와 관련해서 지금 너머를 생각한다면 신을 알 길이 전혀 없습니다. 매 순간 신과 함께하겠다고 다짐할 때 두려움은 사라집니다. 걱정할 것은 전혀 없습니다.

나는 여러 젊은 여성에게 멘토 역할을 하며 "코앞만 보세요."라는 말을 자주 건넵니다. 이 말을 들으면 자신이 미래를 상상하고 있었다는 사실을 바로 알아채고 현재로 빠르게 돌아올 수 있습니다. 앞날을 걱정하는 생각이 머리에 차오르면 입으로 후 불어서 날리는 상상을 하라고도 합니다. 바보같이 들릴지 몰라도 효과가 있습니다. 나도 오랫동안 써온 방법입니다.

작가이자 연사로 일하다 보면 일정이 매우 빡빡할 때가 많습니다. 일정표에 적힌 모든 활동, 아니 몇 주 뒤에 있는 일정 하나만 떠올려도 두렵고 벅찬 기분이 들기도 합니다. 물론 조사와 강연 개요를 마치고 나면 왜 걱정했나 싶은 불필요한 감정이죠. 그럴 때는 현재로 돌아와야 합니다.

현재가 아닌 미래가 나를 부르게 둘 때마다 나는 이 순간의 평화를 놓칩니다. 이럴 때는 나 역시 앞날을 걱정하는 생각을 후 불어 날려버립니다. 그리고 내가 하기로 한 일을 모두 처리할 수 있게 신이 도와주리라 믿으며 때가 오기를 기다립니다.

　내가 자주 다니는 12단계 모임에서 매번 나오는 조언이 있습니다. 바로 '단순하게 살라'입니다. 이 말이 우리 인생을 송두리째 바꿀 수 있습니다. 신이 늘 존재하는 이 순간에 머문다면 구하던 답이 모두 나타날 겁니다. 어떤 걱정도 우리를 볼모로 잡을 일이 없습니다.

바로 지금,
여기서 기쁨을 찾아라

바로 지금, 여기서 기쁨을 찾아라! 이 말은 방금까지 살펴본 내용과 무엇이 다를까요? 우리 모두는 삶에서 기쁨을 찾고자 합니다. 하지만 기쁨은 우리가 찾아야 하는 것이 아니라, 우리가 만들어야 하는 것입니다. 그리고 기쁨을 만드는 가장 쉬운 방법은 신의 존재를 받아들이고, 신과 함께 살아가는 것임을 강조하고 싶습니다. 신의 존재를 받아들이기 위해 나는 많은 시간 노력했죠. 수없이 연습하고 또 연습했습니다. 이미 말했듯 마음은 두 가지 생각을 품을 수 없습니다. 나는 마음에 신을 품기로 결심했고, 그러면서 내가 부딪히는 모든 일에 내면의 기쁨을 불어넣을 수 있다고 믿기 시작했습니다.

물론 세상에서는 비극적인 일이 일어납니다. 이것을 피할 수 있는 사람은 아무도 없습니다. 하지만 신에게 모든 일을 맡기고 신에게서 위안을 찾는다면 모든 경험이 기획됐다는 사실을 깨닫게 될 겁니다. 경험은 더 큰 그림의 한 부분이며 경험 속에서 우리는 저마다 중요한 역할을 합니다.

신이 우리에게 가르침을 주려고 비극적인 일을 일으킨다는 말은 아닙니다. 사실 이 말은 전혀 맞지 않는다고 생각합니다. 하지만 다들 경험으로 알고 있듯 '좋은 사람에게 나쁜 일이 일어나는' 경우 신에 의지해 상황을 설명하고 이해하고 수용한다면 결국은 기쁨뿐 아니라 평화 또한 느낄 수 있을 겁니다.

기쁨은 늘, 매 순간 우리 곁에 있습니다. 그러나 마음을 열고 주의를 기울이지 않으면 알지 못합니다. 두려움이나 섣부른 판단으로 마음이 가득하다면, 혹은 아예 마음을 닫아버린다면, 기쁨을 절대 알 수 없죠. 빨간 장미가 피어나고, 버들가지가 산들바람에 흔들리고, 소나기가 내린 뒤 무지개가 떠오르고, 이른 아침 풀잎마다 이슬이 반짝이고, 아기가 걸음마를 떼는 이 모든 순간에 기쁨이 담겨 있습니다. 우리는 매일 매 순간 어디서나 신의 자취를 찾을 수 있습니다. 원한다면 이 증거를 보며 매우 기뻐할 수도 있습니다. 결정은 우리 몫입니다.

Change Your Mind and
Your Life Will Follow

PART 4

타인의 마음이 아닌
내 마음을 바꾸는 게 빠르다

나는 삶의 풍요와 평화를 찾기 위해 인식을 바꾸는 방법을 배우고 싶었습니다. 그러던 중에 헬렌 슈크만(Helen Schucman)의 《기적수업》이라는 책을 발견했어요. 이 책은 신비주의적인 메시지를 담고 있는 영적인 자기계발서입니다. 이 책을 통해 인식을 바꾸는 것이 어떻게 기적을 일으킬 수 있는지 알게 되었습니다. 책에서 말하는 기적은 우리가 상상하는 것과 다릅니다. 기적은 하늘에서 내려오거나 우연히 일어나는 일이 아니라, 우리 자신이 만들어내는 일입니다. 그리고 그 방법은 바로 '인식 변화'입니다. 인식 변화란 세상과 자신을 보는 방식을 바꾸는 것입니다.

나는 이 책의 큰 전제를 받아들였습니다. 자기가 하는 생각이 마음에 들지 않는다면, 특히 자신이나 타인에게 해가 되는 생각이라면 바꾸면 된다는 것입니다! 얼마나 간단한 발상인가요. 실제로도 가능할까요? 물론입니다. 물론 '현실'을 부정하는 상태로 살라는 뜻은 아닙니다. 나쁜 생각이든 좋은 생각이든 계속 품고 있지 않아도 된다는 뜻이죠. 우리가 어떤 생각을 품으면 그 생각은 힘이 세져서 우리가 하게 될 경험을 결정한다고들 합니다. 나는 이 말이 분명한 사실이라고 생각합니다.

스스로 생각을 선택했다는
사실을 인식하라

자기가 하는 생각에 책임을 져야 한다는 말을 처음 들었을 때, 그 말의 의미와 힘을 전혀 깨닫지 못했습니다. 과거에 난 내가 하는 생각에 책임을 지지 않았습니다. 생각은 '그냥' 공중에 떠다니거나 타인의 행동이나 의견, 말 등이 낳은 결과라고 믿었습니다. 하지만 이 책을 읽으면서 내 생각은 내가 선택하고 만들었다는 걸 깨달았습니다. 그 후로 내 생각은 내 책임이라고 인정하기 시작했습니다. 나는 내가 하는 생각에 책임을 지면서 삶이 달라졌습니다.

이전에 나는 생각에 책임을 지지 않고 30년을 넘게 살다 보니, 자의식과 불안, 자기 연민, 우유부단한 태도가 강했습니다. 늘 화가 났고 부당하게 대우받고 있다는 확신도 생겨났죠. 나를 계속 볼모로 잡고 있던 두려움도 자라났습니다. 생각을 바꿀 노력도 하지 않으면서 사람들과 마음을 터놓고 소통하며 배워야 했던 교훈을 계속 회피하고 있었던 겁니다.

하지만 내가 내 생각에 책임을 지면서 변화를 경험했습니다. 내가 한 생각에 책임을 져야 한다는 말은 지난 일에 대해 타인을 탓할 수 없다는 뜻입니다. 그렇게 생각하니 겁이 나면서도 부끄러웠습니다. 내 인생을 바꿀 책임은 오로지 내가 져야 할 것이죠. 더는 부모님이나 남편, 친구를 탓할 수 없는 겁니다. 핑계를 댈 구석도, 빠져나갈 구멍도 더는 없었습니다.

처음에는 전과 다르게 행동해야 한다는 생각 때문에 저항감이 있었습니다. 일단 저항감을 이겨내고 나니, 나쁜 생각, 끔찍할 정도로 비열한 생각마저 내가 선택한 것이고 곧 내가 바꿀 수 있는 것임을 깨달았어요. 말하자면 내가 하는 선택하는 생각에 따라 삶의 질과 방향을 결정할 수 있다는 얘기가 됩니다. 누구도 그 무엇도 우리를 깔아뭉개거나 가로막을 수 없습니다. 내가 어떤 일을 시도하든 간에 나를 실패자로 만들 수 있는 사람은 아무도 없다는 뜻이기도 합니다. 즉 노력하는 만큼 현명해질 수 있다는 뜻이며, 어떤 경험이든 도중에 바꿀 수 있다는 뜻입니다! 그저 마음속 생각만 바꾸면 됩니다.

우리가 하는 생각은 우리의 정체성과 인식에 큰 영향을 미칩니다. 우리가 어떤 사람이고, 자신을 어떻게 인식하고, 타인은 어떻게 인식하는지, 매일의 삶을 어떻게 계획하고 경험하는지는 모두 우리의 생각에 달려 있습니다. 우리는 현명하고 신중하게 행동할 수도 있고, 신과의 관계에서 힘을 얻을 수도 있습니다. 반대로 우리는 두려움이나 불안에 사로잡혀 잘못된 결정을 내릴 수도 있죠.

반복하겠습니다. 그만큼 중요합니다. 스스로를 신체적, 정신적, 영적, 정서적으로 어떻게 인식하고 있습니까? 또 타인은 어떻게 인식하고 있나요? 당신의 인생을 어떻게 계획하고 경험하고 있나요? 이 모든 것들은 당신이 하는 생각에 따라 달라진다는 말입니다. 마음을 가라앉히고 조용히 자문해 보세요. 당신은 현명한 편인가요? 신을 동반자로 느끼는가요? 아니면 두려움에 이끌려 행동하는가요?

생각은 우리가 인생의 동반자들과 어떤 관계를 맺는지에도 영향을 줍니다. 우리는 그들을 긍정적으로 바라볼 수도 있고, 부정적으로 비난할 수도 있습니다. 좋은 기억도 있겠지만 흘러간 과거의 기억은 대개 도움이 되지 않아요. 우리의 하루는 기대하는 대로 흘러갈 가능성이 높습니다. 이러한 기대는 우리의 생각에 의해 결정됩니다. 현재에 집중하고 살아가려면, 과거를 놓아주어야 합니다.

20세기 영적 지도자 에밋 폭스(Emmet Fox)는 "나는 생각한다, 고로 나는 존재한다."라는 데카르트의 유명한 말을 변형하여 "당신은 생각하는 대로 존재한다."라고 말했습니다. 이 말은 매우 깊은 의미를 담고 있습니다. 생각은 모든 것의 시작입니다. 생각하기 전에는 아무것도 존재하지 않습니다. 나는 폭스의 말에 이렇게 덧붙이고 싶습니다. "당신은 생각하는 대로 존재합니다. 자기 모습에 만족하지 못한다면 생각을 바꾸세요."

연장선상에서 말하자면, 스스로를 어떻게 인식하느냐에 따라 내가 될 수 있는 모습이 달라집니다. 자신의 생각을 바꾸려고 노력함으로써 전에는 상상도 못했던 새로운 가능성을 열 수 있습니다. 이것은 우리 모두에게 적용되는 법칙입니다. 나는 평화롭게 살고 싶으며, 그러려면 무엇을 해야 하는지 알고 있습니다. 당신도 그렇습니다.

생각 때문에 불행하다면
생각을 바꿔라

영성의 길을 걸으며 마음을 수양하지 않는 한, 실재하는 것은 생각뿐이며 우리가 인식하는 현실은 모두 생각이 만든다는 말을 이해하기란 쉽지 않습니다. 마음에 들지 않는 현실은 충분히 바꿀 수 있지만, 우리는 오래된 생각을 고수합니다. 그 생각이 우리를 비참하게 해도, 적어도 그걸 최선이라고 생각하며 살고 있는 거지요. 오래된 생각은 비록 가짜일지언정 삶에 안정감을 줍니다. 그리고 우리는 그것에 익숙하죠. 얼마나 잘못된 생각이든 간에 세상이 어떻게 돌아가는지에 대해 선입견이 있습니다.

그 선입견은 부모나 교사, 친구나 사랑하는 사람들에게서 배운 것입니다. 하지만 이런 생각들은 영원히 고정된 것이 아닙니다. 기억하세요. 당신은 과거에서 벗어날 수 있습니다. 또한 위안이 되지 않는 생각에서도 벗어날 수 있습니다. 생각이 더 이상 현실에 맞지 않을 때는 생각을 바꾸면 됩니다. 그러려면 자신이 하는 생각이 과연 옳은지 의심하며 시대에 뒤떨어진 세계관에 갇히지 않도록 노력해야 합니다. 선택은 언제나 당신의 몫입니다. 우리는 매 순간 선택할 수 있습니다.

믿으면 보인다

같은 사고를 목격했어도 저마다 기억하는 세부 사항은 매우 다르다고들 합니다. 사건 경위뿐 아니라 주요 인물까지 말입니다. 그래서 타인의 관점을 들으면 깜짝 놀라는 일이 많죠. 착시 그림도 비슷합니다. 그림을 보면 처음에는 한 가지 이미지가 눈에 들어옵니다. 고개를 조금 기울이면 다른 이미지가 나타납니다. 그러면 처음에 본 이미지가 '진짜'이고 다른 이미지는 환상일까요? 아닙니다. 한 목격자의 관점만 옳고 나머지는 틀렸을까요? 꼭 그렇지는 않습니다. 사건의 진상은 현장이 촬영됐을 때만 알 수 있을 겁니다.

여기서 중요한 점은 사람들은 자기가 보는 것을 끊임없이 편집한다는 사실입니다. 편집은 무의식적으로 이루어지기 때문에, 본인도 알지 못하는 경우가 태반입니다. 대부분 부정하지만, 편집은 필연적으로 일어납니다. 왜 우리는 사물을 있는 그대로 보지 못할까요? 이런 차이가 생기는 이유를 알려면 현재 순간의 경험만으로

61

는 부족합니다.

　우리가 아무리 현재에 살기를 원한다 해도, 과거에 무엇을 보았
는지, 앞으로 어떤 경험을 기대하는지에 따라 자연스레 따라붙는
선입견에서 자유롭기는 힘듭니다. 그리고 이 선입견은 현재 우리
의 인식에 강하게 영향을 미칩니다.

　변화가 꼭 필요한지 의문을 품는 사람들이 있겠죠. 내 생각은 이
렇습니다. 얼마나 평화롭게 느끼는지가 중요한 기준이 될 겁니다.
만약 현재 상태에 만족한다면 굳이 변화할 필요는 없겠죠. 하지만
때때로 마음의 흔들림이 느껴진다면 다른 사고방식이나 관점이
없는지 고민해 보세요. 그리고 불행함과 불안함을 느끼거나, 자주
다투거나 집중력이 떨어진다면 세상을 바라보는 방식 자체를 바
꿔야 합니다. 이를테면 판단 자체를 내려놓는 것도 방법이 됩니다.
지나간 일 중에 축복이었던 것들에 감사하는 시간을 갖는 것도 좋
습니다. 세상을 더 희망적인 관점으로 바라보는 일은 영향력이 꽤
큽니다. 자기 자신을 위해 더 평화로운 삶을 살겠다고 결정하면 다
른 모든 이들에게도 이롭습니다. 그래서 생각을 책임지는 일이 정
말 즐거운 겁니다.

부정적인 생각에서
즉시 벗어나라

우리는 생각을 바꿀 수 없는 것처럼 살아갑니다. 하지만 그렇지 않아요. 부정적인 생각을 만들고 키우는 게 나인 것처럼 바꿀 수 있는 사람도 나입니다. 변화의 장벽은 바로 나 자신인 셈입니다.

생각을 바꾸기 위해서는 거쳐야 하는 몇 가지 과정이 있습니다. 첫 번째 단계는 익숙한 사고 패턴을 포기하는 겁니다. 보통 이 단계에서 많은 사람이 실패합니다. 사실 자기 생각이 부정적이라고 인지하지도 못하는 경우가 많습니다. 생각은 그저 생각일 뿐이라고 여기는 겁니다. 하지만 사고 패턴이 도움이 안 된다는 것을 깨달았다면 우선은 그 패턴을 기꺼이 바꾸려고 해야 합니다.

두 번째 단계는 새로운 상황 속에 있는 자기 모습, 이를테면 직장이나 가정, 친구들 사이에서 새로운 역할을 해내는 모습을 상상하는 겁니다. 과거에 자신을 좌절시켰던 문제를 손쉽게 해결하는 모습을 떠올려 보세요. 원하는 모습대로 자신을 상상하세요! 마음 속에 세밀하게 그려보세요.

　나는 곧 있을 시험에 대해 상상해 본 적이 있습니다. 미네소타대 학교 대학원에서 박사 과정의 마지막 구술시험을 준비하던 때였 어요. 당시 나는 심리학 전문지 〈사이콜로지투데이〉에서 기사를 하나 우연히 읽었습니다. 기사에는 올림픽 출전을 준비하는 스키 선수들을 대상으로 한 실험이 자세히 설명되어 있었습니다. 한 집 단은 지금껏 다들 그래왔듯 매일 슬로프에 나가 연습을 했습니다. 반면 다른 집단은 연습하는 상상을 했고, 경기 도중 지형을 잘 통 과하고 모든 코스를 완주하는 모습을 마음속에 그렸습니다. 올림 픽이 열렸을 때 더 좋은 성적을 낸 쪽은 상상만 했던 선수들이었습 니다. 어떤 도전적인 과제든 성공적으로 수행하는 모습을 상상하 면 그것을 성공의 기준으로 삼고 의지할 수 있다는 기사였습니다.

　구술시험 날짜가 다가오자 나는 심사 위원들과 테이블에 앉아 있는 내 모습을 상상하기 시작했습니다. 교수님 한 분, 한 분이 질 문을 던지는 모습을 지켜봤고, 내가 미소를 띤 채 여러 질문에 막 힘없이 대답하는 모습도 그려봤습니다. 시험을 앞둔 2주 동안 명 상을 할 때마다 이 연습을 반복했습니다. 실제로 그 테이블에 둘러 앉을 날이 오자 나는 마음이 아주 편안했고 교수님들의 질문에 대 답할 수 있다는 자신감이 들었습니다. 따지고 보면 이미 해본 일이 아니던가요!

당신이 되고 싶은 모습을 자세하게 그려보는 것은 정말 즐거운 일입니다. 반드시 해보세요. 상상은 우리가 되고 싶은 모습으로 성장할 수 있게 도와줍니다.

부정적 사고를 바꿔야 하는 마지막 이유이자 가장 중요한 이유가 있습니다. 부정적 사고를 바꾸면 우리가 주변 사람을 대하는 방식도 바뀐다는 겁니다. 타인에게 더 잘 대하면 그들의 삶만 바뀌는 것이 아닙니다. 파급 효과는 무한합니다.

Change Your Mind and
Your Life Will Follow

PART 5

타인의 감정은
타인의 것

1971년 미네소타대학교에서 개인적 글쓰기를 가르칠 때입니다. 당시 내가 학생들에게 추천한 책 중에 존 파웰(John Powell)이 쓴 《왜 나는 내가 누구인지를 당신에게 말하기 두려워하는가》가 있었습니다. 나는 당연히 이 책을 수업 교재로 선정하기 전에 정독했는데, 38쪽에서 내 세계를 뒤흔든 이야기를 만났습니다. 그때는 삶에 적용할 준비가 안 됐지만 깊은 교훈이 담긴 이야기였습니다.

파웰은 여느 때처럼 친구와 뉴욕 거리를 거닐고 있었습니다. 파웰은 친구가 항상 들려서 신문을 사는 가판대에 함께 멈춰 섰죠. 그런데 가만 보니 가판대 주인은 많은 팁을 받았음에도 무척 무례했습니다. 가판대에서 떠나자 파웰은 친구에게 왜 그렇게 무례한 사람에게도 친절하게 대하는지 묻지 않을 수 없었죠. 친구는 이렇게 대답했습니다. "내가 어떤 하루를 보낼지를 그 사람이 결정하는 것은 아니잖아?"

친구의 대답은 충격이었습니다. '타인에게 어떻게 반응할지를 실제로 선택할 수 있다, 원한다면 인생에서 겪은 대부분의 경험을 다르게 해석할 수 있다'는 생각이 이때 처음 어렴풋하게나마 들었습니다. 나는 어릴 적부터 사람들의 표정을 보고 내 가치를 판단하는 습관이 있었습니다. 가족들은 대부분 얼굴이 굳어 있거나 내 쪽을 쳐

다보지도 않았습니다. 대부분 그랬지만, 상대가 나를 보고 눈살을 찌푸리거나 모질게 느껴지는 말을 한마디라도 던지면 자신감과 자존감이 조금씩 깎여나갔죠. 직접 말을 건네는 것은 둘째치고 눈이라도 마주치려고 했지만, 눈길을 받아주는 경우도 드물어서 나는 그맘때 투명 인간이 된 느낌을 자주 받았습니다.

　오랫동안 나는 오로지 외부에서 받은 자극에 따라 자신을 평가했습니다. 애정이나 관심이 드문 일이었음에도 애써 애정을 확인하려다 매번 의기소침해지고 더욱 애걸하는 상황이 됐지요. 인정하기 부끄러운 일이지만 나는 오랫동안 이런 식으로 살아왔어요. 하지만 다행히도 이제 부모, 친구, 남편, 상사 등 그 누구의 행동도 나의 생각이나 행동에 영향을 줄 수 없다는 것을 알게 되었습니다. 이것을 이해하는 데는 오래 걸렸고, 실제로 받아들이는 데는 더 오래 걸렸어요. 수십 년의 노력 끝에야 완전히 수용했지요. 하지만 그 결과로 절대 포기할 수 없는 귀한 자유를 얻었습니다.

타인의 의견에 의존하지 마라

우리는 어릴 때부터 자신의 의지로 행동하기보다는 인생과 상황에 맞춰 자신의 의지를 억누르고 반응하는 법을 배워왔습니다. 타인의 평가에 따라 행동하고, 타인의 의견에 따라 자신의 가치를 판단하도록 배워온 거죠. 하지만 반응하는 것이 아니라 의식적으로 선택해서 행동하려면 미리 생각하고 연습해야 합니다. 자신을 책임지고 타인의 의견에 좌우되지 않고 자신만의 정체성을 찾으려면 부단히 노력해야 합니다. 이것은 많은 사람에게 큰 변화가 될 것입니다. 우리는 자신의 삶을 더 주체적으로 살 수 있고, 더 행복하고 만족스러운 삶을 살 수 있습니다.

우리가 어떤 사람인지, 누구와 만나는지, 무엇을 느끼고 말하는지 책임지는 것은 매우 중요한 출발점입니다. 이것은 우리를 더 건강한 관계로 이끌고, 내면의 힘을 발견하는 데 도움이 됩니다. 물론 새로운 '독립'에 익숙해지기까지는 시간이 걸릴 수 있어요. 상대는 우리의 행동을 통제할 능력을 잃게 되니 달가워하지 않을지도 모르지만, 타인의 통제에서 벗어나는 것은 장기적 관점에서 모두에게 매우 바람직합니다. 새로운 행동을 연습할 때마다 당신은 가능한지도 몰랐던 내면의 힘을 느낄 수 있을 겁니다.

인생의 난관에 반응하는 대신 행동하는 기회는 매일매일 주어집니다. 이런 기회를 잘 활용하면 우리를 깎아내리거나 무시하려는 사람들로부터 자유로워질 수 있습니다.

반응하는 대신 행동하는 법을 배우면 어려운 상황에서만 쓸모가 있는 것이 아닙니다. 우리를 사랑하고 지지하는 이들과 교류할 때도 자기 행동을 책임지는 일은 중요합니다. 여기서 배울 수 있는 교훈은 어떤 상황에서든 우리가 어떻게 대처하고 싶은지 결정하고 실행할 수 있다는 것입니다!

반사적 반응을 피하라

사실 이 말은 너무 당연한 것 같아서 쓰지 않으려고도 했습니다. 하지만 내 경험으로 보면 간과하기엔 너무 중요한 내용입니다.

내가 자란 가정에서는 갑자기 화르르 화내는 반응이 흔했습니다. 불행히도 나와 남동생은 이런 분위기에 크게 영향을 받았고, 나는 소통에 관한 태도를 처음부터 다시 배워야 했습니다. 그래서 빠르게 반응하기보다 시간을 두고 생각해서 대응하는 것이 대부분 더 좋다는 것을 일찍 알게 되었죠. 빠른 반응이 항상 나쁜 것은 아니지만, 그 결과가 늘 문제입니다. 때로는 적절할 수 있지만, 대부분은 상황을 더 복잡하게 만들죠. 그러니 위급한 상황이 아니라면 신중하게 생각하고 집중해서 행동해야 합니다. 그리고 위급한 상황에서도 가능한 한 깊이 생각하고 집중하는 것이 더 나은 선택입니다.

그렇다면 반사적 반응을 어떻게 피할 수 있을까요? 가장 간단하고 효과적인 방법은 숨을 깊게 들이마시고 내쉬는 것입니다. 자신의 관점이 바뀌는 것을 지켜보세요. 흥분이 가라앉으면서 전에 없던 내면의 평화를 깨닫게 될 겁니다.

관점이 바뀌고 감정이 명료해지고 마음의 평화를 느끼면 현명한 결정을 내릴 수 있습니다. 어려운 상황이나 스트레스가 많은 상황에서도 주변에 도움이 될 수 있습니다. 숨을 깊게 들이마시고 내쉬면 스트레스 수준도 낮아져서 건강에도 좋습니다. 마지막으로 내가 생각하는 가장 중요한 이점은 모든 상황에 가능한 한 '평화적으로' 대응하면 그 자리에 있는 모든 사람의 평화와 안녕에 기여할 수 있다는 겁니다.

평화적인 대응은 다른 이들에게 좋은 본보기가 되어, 그들 역시 기회가 왔을 때 평화적으로 대응할 수 있게 합니다. 반사적 반응은 피합시다. 대부분 문제를 야기합니다.

타인의 일에 거리를 둬라

타인 일에 신경 쓰지 마세요. 아무리 유혹적이어도 우리가 할 일은 아닙니다. 우리는 각자의 인생길을 걸어가야 하며, 사랑하는 사람이 중요한 문제를 두고 어리석은 결정을 내리는 것 같아도 요청하지 않는 한 조언할 자격이 없습니다. 게다가 자신의 삶에 충실하려면 그것만으로도 매우 바쁘죠.

관계에서 거리 두기는 낯설게 들릴 수도 있지만, 거리 두기만이 적절한 태도입니다. 타인이 하거나 하려고 하는 일을 지적하거나 통제하거나 판단하고 싶은 마음이 들거든 거리를 두세요. 그것이 애정을 담은 행동입니다. 상대의 계획이 위험하거나 무모하다는 생각이 들더라도 우리에게는 상대의 마음을 바꾸려고 노력할 책임이 여전히 없습니다.

거리 두기라는 개념은 우리에게 때론 거부감을 일으키기도 합니다. 평소 타인의 삶에 관여하는 것을 도움과 사랑을 주는 일로 생각하기 때문이죠. 우리는 문제를 해결할 방법이나 갈등을 조정할 방법을 가르치려고 합니다. 우리가 했던 실수에서 상대를 '구하고' 우리가 겪었던 고통을 조금이라도 줄여주고 싶을 겁니다. 그저 친절한 행동으로 보이는데, 무엇이 문제일까요?

문제는 우리가 타인의 삶에 너무 많이 관여함으로써 그들이 스스로 배우는 것을 방해한다는 겁니다. 스스로의 눈과 마음, 가슴으로만 이 세상을 경험할 수 있습니다. 그러니 주변 사람들도 각자의 눈과 마음, 가슴으로 이 세상을 경험하고 배우도록 두어야 합니다. 실제로 우리가 객관적 입장에서 상황을 더 잘 이해한다고 해도, 그들의 행동을 책임질 권리나 의무는 여전히 없습니다. 그들은 저마다 배울 것이 있어서 이곳에 왔고, 우리도 저마다 배울 것이 있어서 이곳에 왔습니다.

"우리는 특정한 교훈을 배우러 이 세상에 온다."라는 말을 처음 들었던 때가 기억납니다. 중독에서 회복하기 시작한 지 얼마 되지 않았을 때입니다. 우리가 저마다 남과 다른 고유한 영적 여정을 떠나며, 배워야 할 것을 배우기 위해 만나야 할 사람을 만난다는 생각을 이때 처음 접했습니다. 그렇게 생각하니 사실 조금 무섭기도 했습니다. 처음에는 아슬아슬했던 삶의 고비들, 죽음의 위험을 무릅썼던 순간들만 잔뜩 떠올랐고, 이런 경험에 도대체 어떻게 목적이 있다는 건지 이해하기 어려웠습니다.

다행히도 그때 내게는 이해하려고 노력하는 대신 불신을 내려 놓고 동의하는 것처럼 행동하라고 제안하는 좋은 친구가 있었습니다. 친구는 삶에서 지나온 모든 경험에 감사를 표현하는 일부터 시작하라고 말했습니다. 과거와 현재의 삶에서 만난 모든 사람을 없어서는 안 될 '스승'으로 귀하게 여긴다면 그들을 새로운 시선으로 바라볼 수 있다는 겁니다. 사실 나는 이 말이 얼마나 맞는 말인지 모릅니다. 하지만 어떤 상황이든 과거와 현재에 감사한 마음을 갖는 것은 강력한 힘이 되고, 자신뿐만 아니라 나와 관계를 맺는 모든 사람들의 삶을 완전히 변화시킬 수 있다는 것을 압니다. 세상에 기여하고 싶으면, 주변 사람들과 서로 방해하지 않으면서 교훈을 얻으면 그뿐입니다. 감사하는 마음을 키우세요.

타인을 탓하지 마라

어린 시절 입버릇처럼 "쟤가 시켰어요."라고 둘러대던 기억이 생생합니다. 나는 혼날 일을 하고 나서 엉덩이를 맞기 싫을 때마다 그렇게 남동생을 탓했습니다. 물론 통한 적이 거의 없었으니 동생에게는 다행이지요. 하지만 나는 남 탓이 단순한 잘못 이상이라는 점을 오랫동안 깨닫지 못했습니다. 남 탓은 진실과 존중, 인간성을 저버리는 행동입니다. 무엇보다도 내 행동에 책임을 져야만 이루어질 수 있는 '성장'을 하지 못했던 거죠.

지금 당신은 자기 불행을 남 탓으로 돌리는 습관을 버렸을 텐데요. 그러나 아직도 남 탓하는 사람들이 많다는 겁니다. 이 중요한 교훈을 아직 완벽히 배우지 못했을 수 있습니다. 우리는 모두 알아야 합니다. 그 누구도 내 행동의 이유가 될 수 없고, 나 또한 타인의 이유가 될 수 없다는 사실 말입니다. 아무리 그렇게 생각하고 싶어도 그러면 안 됩니다.

우리는 자기 행동을 계속 남 탓으로 돌리는 문화 속에 살고 있습니다. 미국이 그동안 여러 차례 벌인 군사 개입이 전형적인 결과입니다. 미국이 전쟁 말고는 다른 대안이 없었다는 사람도 있지만, 사실은 언제나 다른 선택지가 있지요. 마찬가지로 우리는 우리가 벌인 수많은 싸움을 '그가 그랬기 때문에'라는 식으로 정당화하는 경향이 있습니다. 하지만 자신의 행동과 생각, 그리고 어떤 사람으로 살아가겠다는 의지가 있다면, 이런 정당화는 사실 핑계라는 것을 단박에 알 수 있습니다.

그래서 우리는 언제나 선택권이 있으며, 자신을 바꾸고 타인에게도 영감을 주어 변화하도록 도울 기회가 있음을 늘 기억해야 합니다. 다음에 누군가와 만날 때 이 점을 잊지 마세요. 모든 소통은 자신의 책임감을 드러내거나 숨길 수 있는 기회입니다. 책임감을 가진 선택을 하면, 늘 했던 대로 행동해야 한다는 생각과 기대에서 해방된 느낌을 받을 겁니다. 앞으로 대인 관계에서 겪게 될 모든 상황에서도 내면의 힘을 발휘할 수 있게 되지요.

변화의 지속성을 마련하려면 우선 타인의 행동을 내 책임으로 받아들이지 않고, 자신의 행동에 대한 책임 또한 떠넘기지 않는 습관을 들여야 합니다. 이렇게 한다면 장담하건대 당신의 삶은 완전히 달라질 겁니다. 분명 쉬운 일은 아닙니다. 오랜 습관은 고치기 어려우니 말입니다. 하지만 너무 조급해할 필요는 없습니다. 아직 성장할 수 있는 시간이 남아 있죠. 이것은 타인에 대해서도 마찬가지입니다.

진전이 있는지는 당신이 타인과 있을 때 느끼는 자유의 정도로 알 수 있습니다. 분명 이미 정해져 있는 목적지에 다다를 겁니다. 삶을 타인에게 맡기려는 사람들에게도 본보기가 될 겁니다. 그들에게 평화롭고 감사한 마음으로 살아가는 방법을 보여주세요.

타인의 감정과
내 기분을 분리하라

분노에 찬 아버지와 그야말로 순교자처럼 자신을 희생해 가정을
지키려 했던 수동적인 어머니 밑에서 자란 나는 타인의 감정 기복
에 기분이 좌지우지되는 일이 너무도 익숙했습니다. 아버지는 당
신이 믿는 대로 믿고, 당신이 하는 온갖 꽉 막힌 생각에 동조하고,
당신이 만든 규칙에 따라 살라고 강요했습니다. 그래서 다른 선택
지가 있다고는 전혀 생각하지 못했습니다.

그러다가 나는 반항하는 방법을 알게 되었습니다. 열네 살부터
서른여섯 살까지, 나는 아버지와 싸우며 반항아로 살았습니다. 나
는 이 시기에 아버지가 했던 모든 선택과 정반대를 선택했습니다.

딱히 자랑스럽지 않은 이야기를 꺼낸 이유는 나의 성장과 변화
를 공유하고 싶기 때문입니다. 나는 과거에 타인의 감정 기복에 좌
우되었던 시간들이 아쉽고 후회스럽습니다. 지금 생각해 보면, 아

버지는 우울증과 알코올 문제로 많은 어려움을 겪었습니다. 알코올중독까지는 아니었지만 알코올중독자 가족에게서 흔히 나타나는 징후도 자주 보였습니다. 아버지의 행동은 내 행동이 그랬듯 유전자와 교육의 결과였습니다.

전부 귀에 익은 말일지도 모르겠습니다. 타인의 행동에 반응하는 태도에 대해 앞 장에서도 다뤘지만 다시 언급하는 이유는 이런 태도가 그만큼 심각하기 때문입니다. 아이든 어른이든 간에 우리는 타인의 감정 기복에 갇혀 있습니다. 내가 그랬듯 반항이라는 수단에 의지하는 것은 좋지 않습니다. 타인의 감정 기복에 행동이 쉽게 좌우되는 일은 개인을 넘어서 사회적으로도 악영향을 미칠 수 있습니다.

타인의 기분은 그 당사자에게만 한정된다는 사실을 기억하는 것은 정말 중요합니다. 사실 기분이 좋을 때가 별로 없거나 '거리감이 느껴지는' 사람을 만나면 그에게 호감을 사고 싶고 인정과 확인을 받고 싶은 강렬한 욕구가 일어나기 마련입니다. 우리는 여기에 빠져들기 쉽습니다. 나도 잘 압니다. 하지만 타인의 기분은 바꿀 수 없습니다. 정말입니다. 그러니 시도도 하지 말아야 합니다. 우리가 할 수 있는 일은 우리가 그들 주변에서 하는 행동을 바꾸는 겁니다. 아니면 그들의 감정 기복 때문에 깊이 생각해서 대응하기보다 충동적으로 반응하지 않도록 그들을 아예 멀리하는 편을 택할 수도 있습니다.

우리의 행복을 결정하는 일은 우리에게 달렸습니다. 우리 말고는 책임질 사람이 없습니다. 탓할 사람도 없습니다. 공을 가로챌 사람도 없습니다. 행복은 자기 기분을 책임지려는 의지와 관련 있습니다. 이는 명백한 사실입니다. 다른 이들과 함께할 때 느끼는 행복이 그들의 관심, 행복, 행운이나 헌신의 결과가 아니라는 것도 틀림없는 사실입니다. 행복은 자기 자신에게 쏟은 헌신적인 애정의 결과입니다. 이 점에 감사합시다! 우리가 책임져야 할 사람은 오직 자기 자신뿐이라는 사실을 받아들여서 남은 삶이 예정된 대로 펼쳐지게 하세요.

PART 6

너와 나를 구분하면
평화가 찾아온다

판단은 평화로운 세상을 만드는 데 가장 큰 장애물입니다. 우리는 판단하는 습관부터 고쳐야 하죠. 우리는 대부분 판단에 너무 익숙해져서 상대를 판단하고 있다는 것도 깨닫지 못합니다. 자신이 만든 생각이라는 것도 잘 알지 못하죠. 생각은 워낙 슬며시 나타나다 보니, 우리는 생각이 자신의 것이 아니라고 속기 쉽습니다. 하지만 생각의 주인은 우리이고, 생각을 바꿀 수 있는 것도 우리뿐입니다.

판단하는 태도를 버리려면 감사하는 태도를 키워야 합니다. 마음은 항상 무언가를 하고 있기 때문이죠. 감사하는 태도를 가지면 모든 상황과 내가 판단했던 사람들도 포함한 모든 사람들을 소중한 존재로 보게 됩니다. 무조건적인 사랑을 표현할 기회로 바라보는 겁니다. 판단과 사랑은 공존할 수 없으며, 우리는 거의 둘 중 하나를 표현하고 있습니다. 우리가 하는 경험, 경험을 함께하는 사람들, 경험과 관련해 품게 되는 기대에 무관심하기는 어렵습니다. 사실 사랑을 더 표현하는 일, 무조건적인 사랑의 태도를 키우려고 노력하는 일은 이번 생에 주어진 진정한 과제입니다. 아무도 이 일을 대신 할 수 없습니다. 아무도 이 일을 못하게 막을 수 없습니다. 타인을 판단하기보다 사랑하려는 의지를 키우려고 조금이라도 노력하세요.

타인을 판단함은
나를 비추는 거울이다

타인을 판단하는 일은 내가 나를 어떻게 생각하는지 보여줍니다. 우리는 타인을 은밀하게 판단하고, 상대의 나쁜 점이 자신에게도 있다고 인정하지 못합니다. 판단은 사랑의 표현을 막으며 아무런 도움도 주지 않습니다. 결국 판단은 자신과 타인이 서로 다른 존재라고 느끼게 하고, 이런 느낌은 처음에 판단의 원인이 된 열등감을 드러낼 뿐입니다.

판단은 모든 관계를 망칩니다. 이해하기 어려울 수 있지만, 판단은 항상 두려움에서 비롯됩니다. 두려움을 인식하고 극복하지 않으면 우리는 판단에서 결코 벗어날 수 없습니다.

하지만 우리가 신과 소통하고 나와 타인이 하나라는 것을 깨우치고, 영적으로 안정감을 찾으면, 판단하는 마음에서 자연스럽게 벗어날 수 있습니다. 판단하는 마음은 영적으로 건강하지 않을 때만 일어나며, 건강할 때는 절대 일어나지 않습니다. 그러니 사랑과 연결의 감정을 키워야 합니다.

무조건적인 사랑을 실천하겠다고(덧붙이건대 절대 쉬운 일이 아닙니다) 받아들이면 내가 주변 사람과 얼마나 비슷한지 알게 되고 타인을 판단하는 습관을 조금은 내려놓게 됩니다. 여기서 '습관'이라는 단어에 주목하길 바랍니다. 판단은 습관으로 굳어집니다. 완전히 익히기가 더 어려워서 그렇지 무조건적인 사랑도 마찬가지입니다. 기억하려고 노력하세요. 판단이 들어간 생각이 머리를 스칠 때마다 무조건적인 사랑의 표현을 소리 내어 말하는 겁니다. 습관을 들이는 거죠. 누군가를 판단하고 싶은 마음을 알아채자마자 무조건적인 사랑을 말로 표현하세요. 분명히 효과가 있습니다. 나 또한 의심할 여지없이 경험해 보았습니다.

두려움을 뿌리 뽑아라

판단의 근원은 두려움이라고 했습니다. 왜 두려운가요? 무엇을 두려워하나요? 바로 기준에 미치지 못하는 겁니다. 두려움은 자신을 타인과 끊임없이 비교할 때 생겨납니다. 우리는 타인이 나보다 뛰어나며 인생을 '더 잘 산다고' 생각합니다. 자신이 부족하다는 느낌을 받다 보니 누군가와 함께할 때마다 의식적으로나 무의식적으로 상대의 자신감과 능력을 깎아내리려고 합니다. 상대의 성공이 보잘것없어지기를 바라는 마음으로 판단하는 말을 던지며 적어도 마음속으로는 잠시나마 자신이 우월해졌다고 생각합니다. 얼마나 음흉하고 유해하며 영적으로 피폐한 삶의 방식입니까! 하지만 주위를 둘러보면 우리 사회는 이런 삶의 방식이 만연합니다.

부정적인 판단도, 살면서 겪는 이런저런 불화도 해결책은 같습니다. 신을 더 잘 알려고 노력하며 신이 바라는 대로 행동하는 겁니다. 신은 무조건적으로 사랑을 베풀며 우리를 절대로 판단하지 않는다는 점을 기억하면, 우리도 신이 아낌없이 베푸는 사랑을 전할 수 있습니다.

　판단 대신 무조건적인 사랑을 실천하는 일은 내면부터 완전히 변화할 기회이자 우리와 관계를 맺는 사람들도 모두 변화될 기회로 생각하세요. 무척 즐거울 수 있습니다. 다시 말하지만, 우리가 할 일은 마음을 바꾸고 인생이 따라 바뀌는 모습을 지켜보는 것입니다!

판단은 스스로를 가둔다

우리는 판단하지 않고 의견만 제시한다고 스스로에게 말할 수 있습니다만, 그건 대부분 거짓말에 불과합니다. 마음은 손쉽게 판단하고, 우리가 초점을 맞추는 대상은 모든 생각이 그렇듯 더 커 보이기 마련이죠. 타인의 결점이나 내가 놓친 기회, 냉소적이거나 옹졸한 생각에 집중하면 그런 태도가 커져서 인생길에서 만난 저마다의 길을 가는 모든 사람에게 상처를 주죠.

물론 반대의 경우도 마찬가집니다. 상대에게 있는 좋은 점을 보려고 하면 그때마다 좋은 기운이 퍼져 나가면서 상대는 물론 나 자신과 나아가 사회가 더 좋아지는 데 도움이 됩니다. 우리는 늘 좋은 점을 보는 편을 택할 수 있습니다. 이런 마음가짐을 연습하면 모두에게 유익합니다.

변화의 효과는 바로 느낄 수 있습니다. 물론 하루에 몇 번이고 다시 마음을 잡아야 할 때도 있습니다. 하지만 부정적으로 보이는 상대의 성격에 집착하는 대신 좋은 점에 집중하면 자신이 더 나은 사람이라고 느끼게 됩니다. 타인을 용서하는 능력도 키울 수 있으며 희망도 커지죠. 자신감과 편안함이 높아지고, 기분도 좋아져서 평화로움을 느낄 수 있습니다.

타인에게서 좋은 점을 보려는 것은 신의 뜻과도 부합되지요. 신이 우리 모두를 보는 방식이기 때문입니다. 이런 생각은 당신이 신을 믿든 아니든 크게 상관없습니다. 중요한 것은 판단하는 마음으로 주변 사람을 억누르는 대신 긍정적인 마음으로 대하면 기분이 바뀐다는 사실입니다. 간단히 말해 판단하는 마음을 고집하면 우리 세상은 좁아집니다. 판단하는 마음을 내려놓으면 세상은 넓어집니다. 마음을 바꾸는 가장 쉬운 방법은 우리가 이해하는 신에게 도움을 청하는 겁니다. 어쩌면 당신은 지금까지 절대로 바뀌지 않는 것이 있다고 생각했을지도 모르겠습니다. 하지만 제대로 도움을 받으면 바꾸고 싶은 것은 무엇이든 바꿀 수 있습니다. 다만 기존의 관점을 버리고 실제로 바뀌기 위해 필요한 노력을 기울여야 합니다. 당신은 할 수 있습니다. 내가 산증인입니다.

판단은 관계를 방해한다

타인을 판단하는 한 평화를 결코 경험할 수 없습니다. 누군가를 판단할 때마다 우리가 맺고 있는 모든 관계는 해를 입습니다. 너무 강조하는 것처럼 들릴 수도 있겠지만 꼭 전하고 싶은 말입니다. 그만큼 반복할 만한 가치가 있습니다. 우리가 한 사람에게 하는 일은 만인에게 하는 일과 같습니다. 타인을 판단하는 한 우리는 자기 삶에서든 여정을 함께하는 이들의 삶에서든 신의 사랑을 표현할 수도, 평화를 촉진할 수도 없습니다. 편견에 갇히면 삶이 순리대로 흘러가지 못할뿐더러 주변 사람의 삶도 전부 영향을 받습니다.

판단이 이렇게 해로운데, 왜 그렇게 열심히 계속해서 타인을 판단할까요? 내 생각에는, 마음이 둘로 나뉘어 있다고 보면 이해하기 쉬울 듯합니다. 우리 마음 한편에는 자아가 있고(영어로 ego라고 하며, '신을 몰아내는 일, edging God out'의 줄임말로도 쓰입니다) 다른 한편에는 신 또는 더 높은 권능, 모든 지혜의 근원이 있다고 이해하는 겁니다. 사실 당신이 무엇을 선택해서 어떻게 이해하든 상관없습니다. 중요한 것은 마음이 그렇게 이루어졌다고 생각하면 매 순간 어느 편에 귀 기울일지 결정하기 쉬워진다는 점입니다. 나는 늘 마음 한편에만 귀를 기울입니다. 가장 시끄러운 것은 자아의 목소리로, 내가 만나는 사람들과 나를 늘 갈라놓으려고 합니다. 상대를 평화와 사랑으로 대는 법이 절대 없습니다.

타인을 불공정하고 무정하게 판단할 때마다 커지는 이질감은 가족이나 사회에서의 사소한 갈등부터 전쟁까지 야기할 수 있는 '연료'입니다. 충분히 선택 가능한 마음속 지혜를 버리고 자아가 생각을 주도하게 할 때마다 우리는 삶에서 생기는 갈등을 키우고 키워서 결국에는 모든 생명을 가두고 맙니다.

우리가 누군가에게 하는 일은 만인에게 하는 일과 같으며, 이것은 타인도 마찬가지입니다! 우리가 한 번에 한 생각씩 바꾸겠다고 결심하고 노력할 때까지 악순환은 계속될 겁니다. 더 평화적이고 긍정적인 선택을 할 때마다 우리는 세상을 바꾸는 데 중요한 역할을 합니다. 강력한 말이자, 진실입니다.

옳음보다 평화로움을 선택하라

이 개념을 좀 더 깊게 살펴보죠. 우리는 관계에서 배우며 성장합니다. 캐롤라인 미스(Caroline Myss)가 《신성한 계약Sacred Contracts》에서 주장하는 내용에 따르면, 우리가 태어나기 전에 다른 영혼들과 함께 배우고 싶은 것과 어떤 경험을 통해 무슨 교훈을 얻을 것인지를 결정했다고 말합니다. 이 주장이 믿기는지는 모르겠지만, 우리가 예상치 못하고 원하지 않는 많은 상황을 설명하는 데는 큰 도움을 줍니다. 비록 기억은 나지 않더라도 우리가 경험하는 모든 것을 스스로 선택했다고 생각하면 어떤 경험이든 기꺼이 받아들이고 감사할 수 있게 될 겁니다.

내가 맺고 있는 관계를 내가 '선택했다고' 생각하면 상대를 판단하거나 거부하는 대신 상대의 존재가 내 삶에 어떤 의미를 가지는지 알 수 있게 되는 거죠. 관점을 이렇게 넓히면 우리가 이 세상에 왜 존재하는지도 폭넓게 인식할 수 있습니다. 우리 삶은 스스로의 요구에 맞춰 설계된 영광스러운 신비로 가득합니다. 마음을 열고 이런 생각을 잠시라도 받아들여 보세요. 과거는 새롭게 보일 것이고, 미래는 우리를 축복하리라고 기꺼이 받아들이게 될 겁니다.

평화는 단 하나의 방법으로만 충족될 수 있습니다. 바로 타인과의 관계를 통해서죠. 어떤 관계를 치유하는 데 필요한 일을 하겠다고 결심하면 모든 관계에서 갈등이 줄어드는 것을 경험할 수 있습니다.

그렇다면 어떻게 해야 할까요? 상대와 의견 충돌이 생기기 시작하면 아무 말도 하지 마세요. 옳다고 생각하는 것보다 평화롭게 지내는 것이 훨씬 유익하다고 믿고 한 발 물러서세요. 마음속 자아가 무엇을 말하든 신경 쓰지 말고 사랑과 수용만을 표현하세요. 친절하고 싶지 않더라도 친절하게 대하세요. 그렇지 않으면 불화는 더욱 심해질 수밖에 없습니다.

모든 관계를 신이 바라는 대로 행동할 유일한 기회로 생각하세요. 이것만으로도 인생의 모든 측면이 긍정적으로 변할 수 있습니다. "인생은 짧으니 우선 디저트를 먹어라."라는 말이 있죠. 나는 만나는 모든 사람에게 신이 베푼 사랑을 전하는 일이 디저트라고 생각합니다. 그러면 매 순간이 달콤해집니다. 마찬가지로 우리와 함께 여정을 나누는 사람들의 인생길도 달콤해지겠죠.

우리에게 가장 중요한 일은 '서로 어떻게 대할지'를 결심하는 것입니다. 우리의 직업이 무엇이든 상관없습니다. 항공기 조종사이든 교사든 점원이든 소방관이든 우리가 할 일은 하나입니다. 바로 판단이 아닌 사랑을 표현하는 일입니다. 이 일에는 결심이 필요하지만 우리는 대개 결심하기를 거부하죠. 상대의 분노, 무례, 무시, 또는 더 심한 것을 마주했을 때는 특히 더 그렇죠. 하지만 사랑을 표현할 기회는 계속, 그것도 매우 다양한 형태로 나타날 겁니다. 개중에는 상대가 사랑받을 자격이 없어 보이는 경우도 있을 테고요. 사실 이것이 가장 어려운 문젭니다. 도무지 사랑받을 자격이 없어 보이는 대상에게 계속해서 사랑을 표현하는 일 말입니다.

내가 몇 번이고 깨달았듯, 당신이 사랑하기를 거부하는 사람은 '겉'은 달라도 '속'은 같은 모습으로 다시 나타날 겁니다. 내가 힘겨워하고 아주 가혹하게 판단하는 관계는 나를 성장시킬 절호의 기회입니다. 정말 흥미로운 난제가 아닌가요? 사실 당신은 이번 생의 교훈에서 벗어날 수 없습니다. 따지고 보면 당신이 요청한 것이 아닌가요.

판단을 멈춰라

누군가를 비판할 때 어떤 기분이 드는지 생각해 보세요. 부끄러운 가요? 민망한가요? 속 좁은 사람이 된 기분인가요? 아무도 당신 말을 못 들었기를 바라는가요? 이래서는 곤란합니다. 이런 기분을 피할 수 있는 좋은 방법은 하려는 말을 미리 빠르게 점검해 보는 것입니다. 그리고 뒷맛이 개운치 않고 거북하다면 굳이 말을 꺼내지 마세요!

타인을 비판하는 말은 우리가 자신을 어떻게 생각하는지를 늘 반영합니다. 자신이 부족한 사람이라는 두려움이 말 안에 감춰져 있는 겁니다. 역설적인 것은 타인을 판단할 때마다 우리가 벗어나거나 부정하거나 상대에게 투사하려는 바로 그 열등감이 강해진 다는 사실입니다. 이런 행동은 악순환으로 이어집니다. 비판하고, 부끄러워하고, 타인을 깎아내리면 자신이 높아지고 불안도 다소 해소되리라 기대하며 또 비판합니다. 과연 효과가 있기는 할까요?

이러면 자신이 더 괜찮은 사람처럼 느껴질까요? 아니요! 그런데 왜 이런 행동을 하나요?

우리가 찾는 것이 평화라면, 타인에 대한 판단으로 마음을 계속 채우는 한 우리 자신에게도, 사회에도 국가에도 평화는 절대 찾아오지 않습니다.

주변 사람들을 더 큰 사랑으로 대하는 편을 선택하세요. 자존감과 자기 가치감이 올라가고 신의 무조건적인 사랑에 대한 인식이 높아집니다. 새로운 선택을 연습할 의지도 강해집니다. '연습 시간'을 거칠 때마다 적어도 두 사람은 변화합니다. 즉 나와 더 친절하고 온화한 나를 만나는 상대 말입니다. 지금 여기에서 우리가 누릴 수 있는 가장 큰 이점은 당장 우리 모두의 삶이 나아지리라는 것입니다. 솔직히 변화해야 할 가장 큰 이유는 이것 아니겠습니까.

Change Your Mind and
Your Life Will Follow

PART 7

타인의 감정을 통제하려는 의지를 내려놓자

책 전반에 걸쳐서 타인을 통제하려는 욕구를 버리고 자기 자신을 책임지자는 말을 하고 있습니다. 하지만 타인을 통제하려는 집착은 매우 강할 수 있습니다. 이런 집착은 자녀나 배우자, 친구, 심지어 직원이나 상사와 맺는 관계에서도 나타납니다. 이러한 집착은 일상생활까지 어렵게 만들 수 있죠. 이런 집착의 원인은 다양하지만, 이번 장에서도 여러 가지로 살펴보겠습니다. 그중 가장 흔한 이유는 '통제를 통해 상대가 나라는 존재에 계속 달라붙어' 있게 하려는 겁니다. 내가 사랑받고 있다는 사실을 확인받으려고 계속해서 통제하고 싶어 합니다. 이런 경우 통제 욕구는 자신의 불안감과 무능감이 낳은 방어 수단이라고 볼 수 있습니다. 역설적인 것은 우리가 더 강력하게 통제하려고 할수록, 상대는 우리 삶에서 떠나려고 한다는 점이죠. '벗어나려는' 상대의 욕구는 계속해서 의존하게 하려는 우리의 집착과 서로 맞닿아 있습니다.

앞에서 마음은 둘로 나뉘어 있다고 말했습니다. 마음 한편에는 자아가 있다고 말이죠. 자아의 목소리는 대개 상황의 주도권을 잡고 말이나 행동으로 상대를 공격해 보복하라고 소리칩니다. 다른 한편에는 더 높은 권능을 가진, 평온을 추구하는 목소리가 있습니다. 이 목소리는 사랑받고 행복해지기 위해 필요한 모든 것을 우리가 이미 갖고 있다고 말하고 있죠. 그래서 타인에게 의존하지 않고도 완전해질 수 있다며 지속적으로 우리를 안심시키는 목소리입니다. 상대가 어떤 사람이든 상대를 통제하고 싶은 이유가 무엇이든 간에, 우리는 타인을 통제하려고 할 때마다 더 높은 권능의 목소리를 애써 외면하고 있다는 것을 기억해야 합니다.

사실 우리가 타인에게 통제력을 미칠 수 없다는 사실을 받아들이는 일은 애초에 쉽지 않습니다. 먼저 그 뜻을 제대로 이해해야 합니다. 그리고 통제하지 못한다는 사실을 받아들이고 꾸준히 내려놓는 연습을 해야 합니다. 부단한 노력이 필요하기에 의지도 필수적입니다. 우리가 타인에게 통제력을 미칠 수 없다는 증거는 여기저기 쌓여 있습니다. 문제 가정에서든, 불만스러워하는 직원들 사이에서든, 세계 곳곳 정부의 권력 구조든 말입니다. 지금까지 일어난 모든 전쟁은 사람들이 자신에게 타인을 통제할 힘이 있다고 믿는다는 강력한 증거입니다. 하지만 어느 한쪽이 승리하는 경우는 거의 없습니다. 완패한 쪽이 그냥 항복하는 일이 더 흔합니다.

평화롭게 사는 것이 목표라면 평화롭지 않은 행동은 그만두어야 합니다. 타인을 통제하려는 잘못된 시도를 그만두고 내려놓는다고 결단하세요. 바람직한 첫걸음될 겁니다.

물러나라

1장에서는 타인의 인생에 간섭하지 말고 그들이 알아서 하도록 내버려 두라고 했습니다. 여기서는 이렇게 말하고 싶군요. 참견하지 말고 물러나세요! 당신이 필요하지 않은 곳에 개입하지 마세요. 누군가 진심으로 당신의 조언을 바라지 않는다면 말하지 마세요. 친구나 사랑하는 사람이 우리가 생각하는 행복과 다른 길을 걷고 있다고 생각하면, 침묵하기 쉽지 않을 거 압니다. 하지만 그래도 침묵하세요. 상대는 우리의 '설교'를 듣고 싶지 않을 겁니다. 설교 때문에 관계가 악화되어 상대가 진정으로 조언을 구하고 싶을 때는 정작 우리를 찾지 않을 수도 있습니다.

실수일 수도 있는 선택이라도 스스로 하도록 놔두는 게 상대와 우리 모두에게 좋습니다. 우리가 대신한 선택이 상대에게 도움이 안 된다면, 우리는 그 실패에 대한 구실이 됩니다. 상대의 인생에서 무엇이라도 잘못되면 우리도 모르게 희생양 역할을 떠안을 수도 있습니다. 우리는 이런 결과를 원하지 않습니다. 우리 인생 여정에도 전혀 도움이 되지 않는 부담입니다.

타인의 일에 참견하지 않고 물러날 때 좋은 점이 또 있습니다. 바로 내 인생에 쏟을 시간이 늘어난다는 겁니다. 이것은 엄청난 선물입니다. 처음에는 타인의 삶에 관심을 가지지 않으면 큰일 날 것 같겠지만, 사람들을 이끄는 것보다 지켜보는 것에 곧 익숙해질 겁니다. 그래야 사람들이 앞으로 더 현명하게 선택할 수 있도록 도울 수 있습니다. 마지막으로 우리는 저마다 자신이 어떻게 사는지, 어떤 사람인지, 어디로 가는지를 책임져야 합니다. 그렇게 책임감을 가져야 우리는 스스로의 잠재력을 최대한 발휘할 수 있답니다.

통제하려고 하면 실패한다

가끔은 '운이 좋아서' 통제하려는 노력이 받아들여지기도 합니다. 그러면 우리는 상대를 통제할 수 있었고 그래서 좋았다고 잘못 생각하기 쉽습니다. 하지만 사실 그들의 행동을 통제한 사람은 그들 자신입니다. 그들이 우리의 조언을 따르겠다고 결정한 겁니다. 반면 우리는 여전히 스스로를 통제하지 못했습니다. 이렇게 말고 달리 설명할 말이 없습니다.

간혹 우리가 한 말이나 행동 때문에 상대가 바뀔 때면 우리는 인정받은 느낌이 들면서 자신감이 커집니다. 불행히도 이런 느낌 때문에 우리는 같은 행동을 집요하게 반복하기도 합니다. 현실을 직시하세요. 타인이 변하는 것은 그들이 원해서입니다. 우리가 원해서가 아닙니다.

그렇다면 우리는 왜 이처럼 불가능한 일을 끊임없이 시도할까요? 오랫동안 사람들을 관찰하고, 나 또한 이런 행동을 바꿔보려고 부단히 노력한 끝에 내린 결론입니다. 우리는 인생의 동반자들의 의견, 태도, 행동이 나와 다르다고 느낄 때 위협을 느끼는 겁니다. 그래서 그 위협을 억누르기 위해 상대를 통제하는 거죠. 위협이 클수록 더욱 통제력을 발휘하고 싶어 합니다.

하지만 모든 사람과 상황을 통제하려는 마음과 행동을 내려놓으면, 내적으로 배우고 변화하며 성장할 시간과 기회가 생깁니다. 우리를 기다리는 다음 단계의 영적 인식으로 나아갈 수 있다는 것을 알게 되는 거죠. 또한 통제를 내려놓고 목적을 가지고 평화롭게 살면 보통 우리가 바랐던 그대로 타인이 바뀐다는 뜻밖에 이점도 있습니다. 참 역설적이지 않은가요?

친한 친구가 언젠가 이런 말을 한 적이 있습니다. "억지로 되게 하려고 할수록 삶이 더 고달파지더라." 나는 이 말에 전적으로 동의합니다. 사람이나 상황을 쥐락펴락하려고 들면 힘만 빠질 뿐입니다. 자꾸 얘기하지만, 우리가 우주의 중심이 아니며 타인의 삶의 중심도 아니라는 사실을 받아들이기란 쉽지 않습니다. 이럴 때 우리는 모두 한 버스를 탄 서투른 존재일 뿐이며 이건 부끄러워할 일이 아니라고 일깨워주는 사람이 있으면 도움이 됩니다. 서투름에서 위안을 얻으며 자유롭게 하루하루 살아가세요. 실제로 큰 안도감이 느낄 겁니다.

짐을 내려놓아라

타인을 통제함은 나의 목표를 회피하는 방편이기도 합니다. 타인을 바라보고 있으면 내 실패에 대한 두려움이 미화됩니다. 험난한 길을 헤쳐 나가는 상대를 이끌 수 있으리라는 희망을 품고 일생을 보낸다면 성공하지 못해도 변명거리는 생기는 거죠.

당신의 상황에 맞지 않을 수도 있지만, 그동안 목표를 얼마나 성취했는지 자문해 보세요. 세워둔 목표를 달성하지 못하고 있다면, 그 많은 에너지를 전부 어디에 쏟고 있는지 생각해 보세요.

통제라는 짐을 내려놓으면 자유로워질 수 있습니다. 너무나 많은 이들이 너무도 오랫동안 신의 짐을 대신 지려고 했습니다. 그래서 실망과 좌절, 혼란에 빠졌고, 좋은 기회들을 놓쳤으며, 설상가상으로 자신이 돕고 있다고 생각했던 바로 그 사람들에게 분노가 섞인 비난을 듣게 되었습니다.

이제 현실을 직시할 때입니다. 타인을 통제하려는 것은 승산 없는 싸움과 같습니다. 이 사실을 깨달았으니 얼마나 다행인가요! 아직 깨닫지 못했더라도, 마음이 타인의 삶에 초점을 맞출 때마다 마음을 바꾸는 연습을 시작하면 바로 깨달을 수 있을 겁니다. 연습을 강화하려면 마음의 초점이 자신의 삶을 떠날 때마다 진심을 담아 다음과 같은 평온의 기도(20세기 신학자 라인홀드 니부어(Reinhold Niebuhr)가 남겼다고 알려진 기도문-옮긴이)를 해보세요. "신이시여, 제게 바꿀 수 없는 것을 받아들이는 평온과 바꿀 수 있는 것을 바꾸는 용기를 주시고, 이 둘을 분별하는 지혜를 주소서."

타인에게 힘을 미칠 수 없다는 것은 이 여정의 아주 귀한 선물입니다. 내가 그랬듯이 시간이 지나면 당신은 감사하게 될 겁니다.

내가 선택한 경험이니
받아들여라

살면서 마주하는 모든 선택, 모든 경험, 모든 사람에는 다 이유가 있습니다. 우연히 나타나는 것은 아무것도 없습니다. 모든 사람과 소통은 우리가 교훈을 얻기 위해 선택한 겁니다.

이상한 생각처럼 들릴 수도 있습니다. 하지만 불신은 잠시 내려 놓고 과거를 돌아보세요. 인생에 '나타났던' 사람들이 나중에 보니, 종종 우리에게 정말 필요한 메시지를 가지고 있던 경우가 있지 않았던가요?

우리는 모두 서로의 삶에서 스승이자 제자입니다. 우리는 어떤 스승들에게 관용을 배웁니다. 어떤 스승들에게는 인내를 배웁니다. 반대로 누군가는 우리에게 내려놓음이 어떤 의미인지 배울 수도 있습니다. 타인과 소통할 때마다 우리는 가치 있는 것을 배우거나 가르치는 특권을 누리게 됩니다. 배울 기회를 지금껏 못 알아봤을 수도 있지만, 그 교훈은 연속해서 다시 찾아올 겁니다. 우리가 배워야만 하는 교훈이므로 그럴 수밖에 없습니다.

지혜는 여러 모습으로 여러 방향에서 찾아오며 크기와 모양도 제각각입니다. 12단계 모임에 처음 나가던 때를 기억합니다. 나는 발표자가 하는 말이 내 인생과 상관없으며, 내 회복에 별로 중요하지 않다고 생각했습니다. 한 귀로 흘려듣기 일쑤였죠. 당시 내 후원자는 매우 현명한 사람이었습니다. 그녀가 이렇게 말했습니다. "여기서 듣는 모든 말에는, 언젠가 당신의 인생을 구할 수도 있는 메시지가 담겨있어요. 잘 들으세요!"

내가 듣는 모든 말이 언젠가 내 인생을 구할지도 모른다고 인식을 바꾸면 앞으로 하게 될 모든 경험이 달라질 수 있습니다. 이 세상에 온 목적에 따라 만나야 할 사람을 만나고, 배워야 할 것을 배우고, 성장해야 할 방식으로 성장하고 있다는, 믿음에 적응하면 매일 매 순간이 선물이 됩니다.

사실 모든 교훈이 전부 인생을 바꿀 만한 내용은 아닐 겁니다. 대부분은 아주 평범한 내용입니다. 우리가 하는 어떤 경험도 그냥 지나치지 않으려면 이 점을 깨닫는 것이 중요합니다. 다른 사람들의 경험도 무시해서는 안 됩니다. 당시에는 의미가 이해되지 않더라도 우리의 소통은 계획된 겁니다. 이렇게 인식을 바꾸면 정말 힘든 상황이 닥쳤을 때 문득 이런 질문을 떠올리게 됩니다. '나는 지금 어떤 교훈을 거부하고 있는가?'

경험상 가장 좋은 방법은 배울 것이 늘 있고, 따라서 감사할 일도 늘 있으며, 우리가 서로 이 사실을 완전히 자각하고 있든 아니든 간에 우리는 서로를 스승으로 보고 있다고 생각하는 겁니다.

당신이 이 여정을 위해 이곳에 와 있다는 사실에 기뻐하세요. 준비가 안 됐거나 감당할 수 없는 일은 찾아오지 않습니다. 더 높은 권능을 빌린다면 더더욱 그렇습니다. 당신은 지금, 그리고 늘 정확히 있어야 할 곳에서 해야 할 일을 하고 있습니다. 그리고 당신에게 진실인 것은 다른 이들에게도 진실입니다. 그들이 저마다 지혜의 목소리를 듣고 각자의 여정을 떠나게 놓아두세요.

통제하려는 노력은
불화로 이어진다

통제를 주제로 여러 각도에서 접근해 봤는데요. 논의를 마무리하기 위해서 이제는 불화 문제를 집고 넘어가겠습니다. 우리에게는 타인의 행동과 의견, 희망, 꿈에 간섭하지 않을 기회가 날마다 그야말로 수백 번은 있습니다. 물론 상대와 각별한 사이라면 더더욱 간섭하지 않고 내버려 두기는 특히 어렵다는 걸 잘 압니다. 자신이 무심한 건 아닐까라는 생각이 들 수도 있습니다. 하지만 상대가 청하지도 않았는데 의사결정 과정에 개입한다면 불화가 생기기 마련입니다. 그러다가 불화가 극심해지면 관계가 영영 단절되기도 합니다. 이를테면 자녀나 형제자매, 친한 친구에게 건강해 보이지 않는 관계를 정리하라고 설득하는 것은 무모한 일입니다. 하지만 그들을 위해 기도하는 것은 에너지를 잘 사용하는 일입니다.

타인에게 당신의 방식대로 상황에 대처하라고 고집하는 것은 관계를 깨뜨릴 수 있습니다. 물론 그런 위험을 감수할 가치가 있는 일도 절대로 아닙니다. 그렇게 극단적으로 밀어붙이지 않더라도 관계는 깨질 수 있습니다.

불화는 우리가 있어야 할 곳이 아닌 곳에 있을 때 쉬이 일어나죠. 우리가 그토록 바라는 행복한 조화로움도 쉽게 만들 수 있다는 점에서는 차이가 없습니다. 관건은 우리가 얼마나 더 현명한 선택을 하는지에 달려 있습니다. 그뿐입니다. 평화로워지고 싶은지 동요되고 싶은지, 조화로운 관계를 바라는지, 갈등을 바라는지, 늘 스스로 묻고 이에 맞게 행동해야 합니다. 다시 말해 관계가 조화롭기를 바란다면 타인이 자기 삶을 살도록 내버려 둬야 합니다.

내려놓는 것, 각자의 삶을 사는 법을 배우는 것, 배움의 여정을 위해 기도하는 것은 우리가 마땅히 누려야 할 선물입니다. 이들은 우리가 배워야 할 마지막 교훈인 평화를 가져다줄 도구입니다.

PART 8

손가락으로 타인을 지적하면
나머지 손가락은 나를 가리킨다

앞서 우리의 삶과 주변 사람들은 우리 마음속을 아주 사소한 부분까지 거울처럼 보여준다는 말을 했습니다. 그러니 삶이 어떤 면에서든 바뀌기를 바란다면 마음속 생각을 바꿔야 합니다. 생각을 바꾸는 일은 더 평화로운 삶을 사는 데 절대적으로 중요합니다. 우선 첫 번째 단계는 우리가 생각에 미치는 힘을 인정하는 겁니다. 마음은 그냥 알아서 채워지는 빈 그릇이 아닙니다. 마음속에 있는 것은 전부 우리가 채워 넣은 것입니다! 우리가 타인이나 앞으로 일어날 상황에서 무엇을 '보는가'는 전부 생각이 가져온 직접적 결과이며, 생각은 스스로 고른 겁니다.

사실 '정확한' 인식이라는 것은 없습니다. 우리가 보고 듣는 것은 우리가 생각하는 대로 바뀝니다. 우리는 자신의 과거, 두려움, 불안, 통제 의지 등에 따라 타인이나 상황을 판단합니다. 그렇게 해서 자기만의 세상을 만들고 그 세상에 맞춰서 행동합니다. 그래서 우리는 갈등, 정확히는 불필요한 갈등을 자주 겪게 됩니다.

상대에게 잘못했다며 손가락질할 때마다(이처럼 계속 남에게 책임을 돌리는 사람이 많다) 나머지 손가락 세 개는 본인에게 향한다는 말을 들어봤을 겁니다. 다시 말해 우리는 타인을 비난하며 스스로 부정하고 싶은 잘못을 투사하고, 잘못을 부정하며 자신이 어떤 사람인지 책임지는 일에서 벗어나고 싶어 합니다. 다르게 살고 싶다면, 더 평화로운 삶을 경험하고 싶다면 마음을 사랑과 평화, 수용과 감사로 바꿀 의지가 있어야 합니다.

나의 인생을 살아라

타인의 인생에 신경 쓰느라 긴 세월을 허비하는 사람은 수도 없이 많습니다. 알코올중독자의 가족과 친구를 위한 12단계 프로그램 알아넌(Al-Anon)에는 들을 때마다 키득거리게 되는 말이 있습니다. "알아넌 회원은 죽을 때가 되면 자기 삶이 아니라 주변 타인의 삶이 주마등처럼 스친다." 익숙한 대중적 용어로는 '공동 의존'이라고 합니다. 늘 타인에게 집중하는 태도를 뜻하는 말입니다.

우리가 공동 의존 상태에 빠지는 이유는 두 가지 중에 하나입니다. 하나는 자신이 어떤 생각을 해야 하는지, 자신이 어떤 사람이고 얼마나 가치 있는 사람인지 판단하기 위해 외부 세계(타인의 반응과 당시 상황)에 전적으로 의존하기 때문입니다. 이렇게 외부가 자신을 통제하게 두면, 우리는 자주적이고 의미 있으며 독립된 삶이 있다는 사실을 전혀 인식하지 못합니다. 가치 있고 독자적인 생각은 고사하고 인생에 고유한 목적이 있을 거라는 생각도 하지 못합니다. 자신의 인생을 전적으로 타인의 의견과 행동, 계획, 변덕을 중심으로 돌아가게 내버려 두는 겁니다. 안정이라고 느끼면서 말이죠. 타인과 연결되어 공감하며 인정을 베푼다는 구실로 우리는 자기 삶을 책임지는 일을 회피합니다. 그리고 그럴 기회도 스스로 박탈합니다.

앞에서 신문 가판대 주인의 무례함이 자기 기분을 결정하게 하지 않았던 존 파월의 친구 이야기가 기억날 겁니다. 이 일화가 정말 의미 있는 이유는 우리 모두 타인의 행동에 통제받지 않는 건강하고 주체적인 삶, 자발적인 의지에 해가 될 수도 있는 타인의 언행에 조금도 영향받지 않는 삶을 살 수 있음을 보여주기 때문입니다. 파월의 친구는 우리 모두가 할 수 있는 일을 훌륭하게 간단한 예시로 보여줬습니다. 우리는 타인과의 관계 속에서 자신을 규정하지 않겠다고 마음을 바꾸기만 하면 됩니다. 물론 그 뒤에는 연습도 많이 필요합니다.

공동 의존 상태에 빠지는 두 번째 이유는 통제 때문입니다. 공동 의존자는 타인의 통제권하에 있고 싶어 하거나 타인의 통제권을 빼앗으려고 노력합니다. 통제를 받든 통제를 하든 결국 어느 쪽도 제대로 된 인생길은 아닙니다. 여기서 우리가 할 일은 '내려놓음'입니다. 통제권 싸움을 내려놓으면 무거운 짐을 덜 수 있으며, 특히 수년 동안 지속되었던 끝없는 좌절감에서 벗어날 수 있습니다. 내려놓으면 너무도 오랫동안 마음속을 채웠던 무익하고 건강하지 않은 생각을 바꿀 수 있습니다. 전혀 고려하지 못했던 방식으로 당신을 발전시키는 생각으로 바꿀 수 있습니다. 타인의 인생에만 온통 신경을 쓰는 한 우리는 이 세상에 온 목적을 이룰 수 없습니다. 당신의 인생이 기다리고 있어요. 지체하지 마세요!

타인 때문에
교훈을 놓치지 마라

우리는 인생에서 맡는 여러 역할 때문에 공동 의존을 키우는 경우가 많습니다. 양육만 하더라도 그렇습니다. 아이는 오랫동안 어른의 지도를 받아야 하는 충분한 자격이 있는 존재이므로 당연한 일이기는 합니다. 하지만 아무리 부모라고 해도 아이에게 끊임없이 집중하고, 아이를 통해 대리만족하고, 아이를 통제하려고 하면 모두에게 건강하지 않다는 것을 깨달아야 합니다. 자신에게는 아무런 관심도 주지 않고 자녀에게만 집중하면, 이 세상에 배우러 온 교훈을 깨닫지 못합니다. 성장도 멈춰버립니다.

어떤 형태로든 돌봄을 하는 사람들은 자기 삶을 희생하기 마련이지만, 반드시 그래야 하는 것은 아닙니다. 대신 대상에게 적절한 관심을 주면서도 건강한 경계를 정해서 지키는 방법이 있습니다. 우리가 먼저 행동에 나서려는 충동 때문에 상대가 스스로 행동하지 못하는 건 아닌지 자문하며 주의를 기울여야 합니다. 남의 일을 대신 해주는 일은 그 누구에게도 도움이 되지 않습니다.

물론 타인에게 신경을 쓰는 방법은 많습니다. 나는 몇 가지만 언급했을 뿐입니다. 우리는 불안에 빠져서 자신을 타인과 비교하며 타인의 능력에 집착하는 경우가 너무도 흔합니다. 이 과정에서 우리는 삶에서 배워야 하는 교훈, 인생길에서 만나는 사람들과 수많은 소통을 통해 함께 발전하면서 분명해지는 교훈을 얻을 기회를 모두 포기하게 됩니다. 잊지 마세요. 인생길에서 만나는 사람 중에서 중요하지 않은 이는 하나도 없습니다.

영적 여정을 처음 시작했을 때, 우리가 몸을 얻어 이 세상에 온 이유가 교훈을 얻기 위해서라는 말을 듣고 정말 당혹스러웠습니다. 솔직히 여기서 말하는 '교훈'이 무슨 뜻인지도 전혀 알지 못했습니다. 나를 둘러싼 현명한 목소리들에 기꺼이 귀 기울이게 되면서 혼란은 서서히 사라졌습니다. 하지만 타인과 소통하는 모든 순간이 교훈의 기회임을 이해하기까지는 그 뒤로도 오랜 시간이 걸렸습니다. 나뿐만 아니라 우리 모두에게 늘 해당하는 말이었다는 점은 그 뒤에도 여전히 이해할 수 없었습니다.

이제는 내 주변에 교훈이 넘친다는 것을 압니다. 어린 시절에도, 아버지와 갈등을 겪을 때도 교훈은 내 곁에 있었습니다. 내 첫 결혼 생활은 어려움으로 위장했을 뿐 사실 내가 받아들이지 못한 교훈으로 가득했습니다. 대학원 시절에도, 졸업 후 첫 직장을 다닐 때도 마찬가지였습니다. 교훈은 계속해서 내게 손을 흔들었고, 나는 예전만큼이나 지금도 그 손짓을 잘 무시합니다. 다만 이제 하나는 압니다. 삶을 제대로 배우고 싶다면 내 마음에서 타인의 생각을 비워내고 마음을 열어야 한다는 것을 말이죠.

우리는 모두 서로의 삶에서 스승이거나 제자입니다. 언제나 그렇습니다. 그렇다고 우리가 매 순간 어떤 역할을 하고 있는지 반드시 안다는 뜻은 아닙니다. 역할이 중요한 것도 아닙니다. 무엇이 됐건 상호작용은 계속됩니다. 결국 우리가 모두 배워야 할 중요한 교훈은 기꺼이 사랑을 주고받고, 타인의 말을 경청하라는 것입니다. 신은 늘 나와 타인과의 경험을 통해 말을 건네므로 모든 경험이 신성하다는 것을 기억하세요. 내가 살고 있는 지금 이 순간만이 실재한다는 것을 깨닫고 매 순간에 감사하세요.

내면의 목소리에 귀 기울여라

타인에게 마음이 가 있으면 내면의 목소리를 들을 수 없다는 말은 방금 살펴본 주제와 무엇이 다를까요? 앞에서는 타인을 관심의 대상으로 삼고 타인으로 마음속을 채우는 습관을 이야기했습니다. 이번에는 내면에 이야기하겠습니다. 우리가 타인에게 사로잡혔을 때는 이 내면의 목소리를 듣지 못합니다.

내가 말하는 내면의 목소리란 사랑, 감사, 희망의 목소리입니다. 시끄러운 생각을 잠재울 때 듣는 목소리가 아니에요. 조금 더 노력이 필요한 목소리지요. 어린 시절부터 회복 과정을 시작하기 전까지 나는 많은 마음속 목소리를 들었지만, 다정한 목소리는 드물었습니다. 목소리는 보통 나를 깔아뭉개거나 내 결정을 따지고 들었습니다. 아버지가 내뱉던 말, 첫 남편이 하던 말을 흉내 낼 때도 많지요. 그 목소리는 그저 오랫동안 누구의 도움도 없이 살았던 내가 스스로 만들어낸 부정적 메시지의 반복이었을 가능성이 높습니다. 목소리는 나를 지지하지 않았고, 나는 그 목소리에서 벗어날 수 없을 것 같았습니다. 그래서 회복 과정을 함께하던 친구들이 다정한 내면의 목소리를 이야기했을 때 무슨 말인지 몰랐지요. 인정하기 싫지만 나는 다정한 목소리를 몰랐고 내게 그런 목소리가 있는지도 확신하지 못했습니다.

그러다가 나는 친구들과 《기적수업》의 도움을 받아 우리 마음속에는 늘 두 목소리가 존재한다는 사실을 알게 됐습니다. 한 목소리는 매우 큰 소리를 내며 생각과 행동을 늘 잘못된 방향으로 이끕니다. 우리를 오래된 행동에 갇히게 하고 두려움과 분노, 끊임없는 불만을 키우는 목소리지요. 하지만 다른 목소리는 훨씬 작은 소리로 사랑, 감사, 희망, 친절의 말을 끊임없이 전합니다. 매 순간을 교훈을 찾을 기회, 신의 뜻을 행하는 기회로 바라보며 항상 소중히 여기고, 결과적으로 모두의 평화에 기여하도록 우리를 인도합니다. 이 목소리는 우리를 위로합니다. 이 목소리를 들으면 우리는 기꺼이 타인의 장점을 보고 그들 또한 위로하게 됩니다. 이 목소리는 우리를 완전하게 하고, 우리를 기다리고 있는 교훈을 받아들일 준비가 되게 합니다.

우리가 할 일은 커다란 두려움의 목소리를 피해 작고 부드러운 희망과 사랑의 목소리에 귀 기울일 방법을 알아내는 겁니다. 사실 어려운 일은 아니지만 익숙하지 않은 길이며, 그러려면 잘 자리 잡은 오랜 습관을 고칠 필요도 있습니다. 먼저 우리는 다정한 목소리를 듣겠다고 마음만 먹으면 되며, 그러면 실제로 듣게 될 겁니다. 삶에서 만나는 사람과 사건에 대응하는 방식을 바꿀 수 있다는 것에 기뻐하세요. 마음에 타인이 아닌 내가 들어 있다는 것에 기뻐하세요. 자기의 일만 책임지려는 의지를 통해 날마다 작은 결심을 내리고 또 발전할 수 있다는 사실에 기뻐하세요. 마음은 바꿀 수 있으며, 그렇게 되면 인생도 따라 바뀌리라는 것을 이제는 알고 있음에 기뻐하세요!

타인에게 집착하지 마라

불안과 우울에는 많은 원인이 있습니다. 사랑하는 사람과 사별하거나, 준비되지 않은 큰 사건을 앞두고 고통스러운 경험을 겪으면서 상황적 우울증이나 불안에 빠지기도 합니다. 때로는 이런 단기적인 증상 완화에 도움이 되는 약물을 처방받기도 합니다.

뇌의 화학적 불균형도 불안이나 우울을 유발하는 것으로 알려져 있습니다. 이런 경우 심리 장애가 영구적일 수도 있어 장기적인 약물 치료가 필요합니다. 내가 아는 이들 중에도 자신의 질환에 효과적인 약물을 찾은 뒤로 삶의 모든 측면이 상당히 괜찮아진 사람이 많습니다. 요점은 이런 형태의 불안이나 우울은 치료가 가능하다는 겁니다. 아무도 고통받을 필요가 없습니다.

하지만 타인의 인생에 집착해도 우울하고 불안해질 수 있으며, 마음을 바꾸는 간단한 행동으로 멈출 수 있습니다. 타인을 향한 집착은 우리를 현재에 살지도, 자신에게 이익이 되게 행동하지도 못하게 합니다. 우리는 배워야 할 교훈도 배우지 못합니다.

　타인 일에 연연하면 신나거나 기쁠 수 없고, 주변에서 전개되는 사건에 자신이 얼마나 큰 영향을 미치는지 인식할 수 없습니다. 끊임없이 타인과 자신을 비교하며 부족감을 느낄 때도 우울은 일어날 수 있습니다. 자아는 관계뿐만 아니라 가벼운 교류에서도 평온하기를 바라지 않습니다. 기분이 나쁘고, 마음이 판단으로 가득하며, 타인을 서슴없이 깎아내리거나 심지어 공격하기를 바랍니다. 자아는 우리가 '충분하지 않다고' 느끼게 하며, 우울은 그것을 기꺼이 받아들이게 합니다.

　앞에서 말했듯이 타인의 활동이나 행동에 마음을 많이 써야 할 때도 있습니다. 예를 들어 상대가 자녀라면 말입니다. 하지만 타인 일에 마음을 쓰는 것과 사로잡히는 것은 매우 다릅니다. 아이들에게는 관심을 주세요. 집착은 전혀 필요하지 않습니다. 아프거나 힘든 배우자에게 애정 어린 관심은 몰라도 집착 역시 필요하지 않습니다. 일에 집중할 필요는 있지만 일을 집으로 가져오는 것은 건강하지 않습니다. 우리는 날마다 힘을 회복해야 하는데, 일을 하지 않는 동안 일에 집착하면 지쳐버리고 맙니다.

　집착 때문에 지쳐버린 상태는 대개 우울을 유발합니다. 한 가지 확실한 것은 마음이 자기 삶의 기쁨이 아닌 타인에게 강박적으로 집중할 때 우울은 가까이 있게 됩니다. 이런 유형의 우울에는 확실한 해독제가 하나 있는데, 바로 오직 현재에 살며 삶에서 받은 수

많은 축복에 감사하는 마음을 키우려는 의지입니다. 타인에게 마음을 집중하는 경향에 굴복한다면 이런 축복을 알아볼 수 없습니다. 다행히도 축복은 우리를 기다리고 있습니다. 우리가 돌아갈 준비가 되면 축복은 언제나 그곳에 있습니다.

우울해하기보다 감사하는 편을 택하는 것은 아주 당연한 선택처럼 보입니다. 하지만 타인과의 관계 속에서 자신을 규정해 버리는 이들에게는 어려운 선택입니다. 이미 여러 번 말했지만, 인생은 대부분 마음의 습관에 따라 설계됩니다. 새로운 습관을 기르는 일에 전념하려면 의지와 주의가 필요합니다. 하지만 보상은 엄청납니다.

Change Your Mind and
Your Life Will Follow

PART 9

날마다 하나씩 실천하면
인생이 바뀐다

타인에게 절대로 해를 끼치지 마세요. 반드시 타인의 몸에 상처를 내는 일이 아니더라도 해를 끼치는 방식을 여러 가지입니다. 이를테면 말을 걸거나 상대를 소개받으면서도 눈을 마주치지 않거나, 대답해야 하는 질문을 받고도 대꾸하지 않거나, 새로 온 사람이 대화에 끼려고 할 때 끼워주지 않는 것은 모두 타인에게 해를 끼치는 일입니다. 집 리모델링이나 오랫동안 기다려온 휴가 계획을 짜는 것처럼 사랑하는 사람과 함께 결정해야 하는 일을 생각해 봅시다. 상대가 제안한 내용을 무시한다면, 의견이 묵살된 상대의 기분은 물론이고 서로의 관계에도 해를 끼칠 수 있습니다. 그리고 해를 끼치는 매우 뻔하고 흔한 방식 중 하나는 바로 당신과 이야기하려는 사람에게 귀 기울이지 않는 겁니다. 무시당하는 것은 매를 맞는 것처럼 아플 수 있습니다.

해는 여러 모습으로 나타납니다. 한 가지 확실한 점은 해를 끼치는 사람과 해를 입는 사람 모두 그 사실을 인지하지 못하는 경우가 대부분이라는 겁니다. 해를 입은 사람은 상대를 만나고 마음이 상했으면서도 이유를 모를 수 있습니다. 그래도 이미 벌어진 일은 돌이킬 수 없습니다.

말로 해를 끼치지 마라

말을 하면서 또는 말을 하고 나서, 그 말이 상대에게 어떤 영향을 미치고 있는지 잘 알아챕니까? 상대에게 기분 나쁜 말을 들으면 바로 대갚음하는 편인가요? 친구나 낯선 사람에게 무례하게 대하고 나면 상대가 어떤 기분이 드는지 살피나요? 상대가 당신을 친절하게 대하지 않는데도 친절을 베푼 적이 있습니까?

이 질문들에 대한 대답은 많은 것을 말해줍니다. 질문에 하나씩 솔직히 대답하다 보면 당신이 이 세상에서 어떤 사람으로 살고 있는지 대략 그림이 그려집니다. 당신이 되고 싶은 사람으로 변화하기 위한 일종의 청사진이라고 말할 수 있습니다.

소통 방식을 바꾸고 싶다면 당신의 말이 미치는 영향을 알아야 합니다. 상처 주는 말을 할 의도가 없었을지도 모릅니다. 사실 예의를 지키는 정도를 넘어서 때로는 애정이 담긴 말을 건네고 있다고 생각했을지도 모르지요. 하지만 듣고 있는 사람의 표정이 진실을 말해줍니다.

타인의 말이나 행동에 받은 영향을 감쪽같이 숨길 수 있는 사람은 아무도 없습니다. 적어도 눈물 맺힌 눈, 축 처진 입꼬리, 돌려버린 얼굴에는 진짜 감정이 드러나기 마련입니다. 이런 감정 표현을 알아차린다면 다음에 누구와 대화를 나누든 더 나은 선택을 하는 데 도움이 될 겁니다.

대부분 철천지원수를 대할 때가 아니고서야 잔인하게 굴려는 의도가 없습니다. 우리가 던지는 잔인한 말은 집중해야 할 순간에 그러지 못한 것이 대개 원인입니다. 성격이 못돼서가 아니라 사려 깊지 못해서 그렇습니다. 마음이 동시에 두 곳에 있을 수 없어서 그렇습니다.

해결책은 집중하는 겁니다. 그리 어려운 일이 아닙니다. 그러니 결정을 내리고 실천에 옮기세요. 내가 듣기 싫은 말은 남에게도 하지 않는다는 단순한 경험 법칙을 따른다면 상황은 완전히 달라질 수 있습니다. 심보가 고약한 가판대 주인에게 신문을 샀던 존 파월의 친구를 다시 한번 떠올려 보세요. 그는 굉장히 불친절한 사람에게도 친절하게 대하기로 선택했습니다. 평화적인 대응을 선택한 겁니다. 그러나 우리는 받은 대로 갚아주는 것이 당연하다고 잘못된 생각을 할 때가 종종 있습니다. 그것이 지극히 정당하다고 느껴질 때도 많습니다. 하지만 그렇게 되받아쳤을 때 상대가 받을 영향은 불확실하며 불필요할 정도로 잔인합니다. 또 말하지만 불친절한 것은 전혀 도움이 되질 않습니다.

우리가 겪는 모든 상황은 타인과의 소통에서 정도를 걷기로 선택할 기회입니다. 상대가 불친절하다고 해서 같은 태도로 응수할 필요는 없습니다. 상대를 사랑으로 대하기로 선택하는 것은 불친절하게 대하기로 선택하는 것과 마찬가지로 어렵지 않습니다. 그저 다른 선택일 뿐입니다. 모든 이들에게 이로운 선택 말입니다. 대화를 나눌 때는 언제나 선택지가 있습니다. 상대의 말을 열심히 듣거나, 듣는 척하거나, 은근히 무시하거나, 아니면 자리를 박차고 나가는 등 대놓고 무시할 수 있습니다. 상대에게 온전히 집중하지 않는 모든 행동은 그저 무례하며, 무례함은 관련된 모든 사람의 기분을 상하게 합니다. 이것은 생리학적 차원에서도 측정될 수 있습니다. 하트매스(HeartMath)라는 연구기관은 사랑이 느껴지지 않는 행동이 인간의 신체 상태에 미치는 영향을 연구했습니다. 그런 뒤 더 평화로운 근무 환경을 조성하려는 〈포천〉 500대 기업을 컨설팅하며 연구 결과를 적용했습니다. 하트매스가 발견한 내용에 따르면 상대를 사랑으로 대하지 않으면, 그 상대뿐만 아니라 나 자신도 스스로의 행동에 정신적, 정서적, 신체적, 영적으로 영향을 받는다고 합니다. 그렇습니다. 우리 모두의 건강은 다름 아닌 '다정한' 행동에 달려 있습니다.

우리는 왜 무례하게 굴까요? 정신이 산만하거나 마음이 다른 곳에 가 있어서 그럴까요? 물론 그럴 때도 있지만 무례함은 대개 불안을 나타내는 신호입니다. 불안을 들키지 않으려고 상대가 가까이 다가오지 못하게 막는 수단입니다. 매우 효과적일 수는 있지만 그 누구에게도 바람직하지 않습니다. 무례함은 사람들이 공동의 목적으로 결속하기보다 분리되게 합니다. 분리된 상태를 유지하겠다고 고집한다면 절대로 평화를 찾을 수 없습니다. 평화로워지고 싶다면 서로 제대로 소통하는 것보다 더 좋은 방법은 없습니다.

현실을 직시하세요. 매우 적대적인 상황에서도 절대로 언어폭력을 선택해서는 안 됩니다. 바라는 것을 이루지 못함은 물론이고, 마음에 괜한 상처를 입힐 겁니다. 달라이 라마는 인간에게는 한 가지 과제가 있다고 말했습니다. 바로 '서로 사랑하라는 과제'입니다. 서로 사랑할 수 없다면, 적어도 서로에게 해를 끼치지 말라고 말했습니다. 이 말은 더 평화로운 삶을 위한 아주 간단한 제언입니다. 처음에는 눈에 띄지 않는 긍정적 변화로 시작하지만, 나중에는 습관이 됩니다. 의지가 있다면 누구나 해낼 수 있는 과제입니다.

날마다 실천하라

12단계의 중요한 원칙 중 하나는 한 번에 하루씩 살라는 겁니다. 이렇게 살기로 선택하면 의사결정도 인생도 생각보다 여러모로 훨씬 더 단순해집니다. 이 말을 처음 듣고 비웃던 기억이 납니다. 어떻게 하루 뒤, 일주일 뒤, 일 년 뒤를 걱정하지 않을 수 있을까요? 오늘 미래를 계획하지 않는데 어떻게 미래가 있다는 말입니까? 하지만 막상 해보겠다고 결심하고 나니 엄청난 해방감이 느껴졌습니다. 사실 우리에게는 오직 하루만 있습니다. 아니, 정확히는 이다음 순간만 있습니다. 이해하기 어려울지도 모르지만, 이 순간 너머를 살려고 하면 정신적 에너지뿐 아니라 감정적 에너지도 낭비됩니다. 그날그날 해를 끼치지 않는 것은 이 중요한 원칙을 실천하는 하나의 방법입니다. 해를 끼치지 않겠다는 다짐을 날마다 해야 하는 이유는 무엇일까요? 자기 행동을 제대로 살피지 못하면 정말 너무 쉽게 타인에게 해를 끼치게 되기 때문입니다. 생각 없이 타인을 깎아내리기란 너무도 쉽습니다.

우리는 타인을 판단하고 폄하합니다. 일부러 그럴 때도 있지만 대개는 무심코 그럽니다. 말과 표정 같은 신체 언어가 모두 메시지를 전달합니다. 주의하지 않으면 불친절하거나 상대를 무시하는 것처럼 보이기 쉽습니다. 해는 여러 형태로 나타납니다. 우리는 친구든 낯선 사람이든 온갖 방법으로 주변 사람을 깎아내리는 습관이 깊숙이 배어 있습니다. 이런 행동을 삼가려면 주의를 기울여야 합니다.

오늘 하루만 해를 끼치지 않겠다고 다짐하면 일은 훨씬 쉬워집니다. 연습할수록 결정이 더 쉬워지며, 보상도 바로 주어집니다. 우리는 신체적, 정서적으로 안정되고 편안해집니다. 어떻게 반응할지 아무렇게 결정하거나 더는 자기 행동에 놀랄 일도 없습니다. 매일의 흐름, 리듬이 생기면서 평화와 행복을 경험하게 될 겁니다.

이렇듯 단순한 다짐만으로 얻는 것이 아주 많습니다만, 우리는 오래된 행동을 반복하려는 유혹에 거의 매 순간 발목을 잡힙니다. 일부러 못되게 말하거나 행동하는 것은 생각이 없어서가 아닙니다. 우리는 대부분 그저 두려워하는 겁니다. 타인이 금전적으로나 직업적으로, 어쩌면 영적이나 정서적으로도 우리를 앞서갈까 봐 두려워합니다. 두려움은 자신을 비롯한 모든 사람에게 해를 끼치는 방식으로 행동하도록 우리를 떠밉니다. 사실 우리가 입는 상처가 훨씬 깊고 그 고통도 쉽게 줄어들지 않습니다.

자신이 한 행동에 해를 입을 때마다 다음번에는 타인에게 해를 입히기가 더 쉬워집니다. 그렇게 코앞에서 악순환이 시작되는데, 우리는 그것도 모르고 방관합니다. 날마다 해를 끼치지 않겠다고 다짐하세요. 우리는 할 수 있습니다. 날마다 '오늘'은 해를 끼치지 않기로 선택한다면 완전히 새로운 차원의 평온을 누릴 수 있습니다. 이것이야말로 우리가 모두 바라는 일 아닌가요.

비판에는 사랑이 없다

확신하건대, 이런 말을 자주 들어봤을 겁니다. "다 널 위해서 하는 말이야." 아마 너무 자주 들었거나 건넸을지도 모릅니다. 여기에 전할 말이 있습니다. 비판에는 사랑이 전혀 없습니다. 비판은 상대를 위해서 하는 말이 절대로 아닙니다. 상대 마음속에 불안과 의심을 심으려는 의도가 담긴 말입니다. 그러면 우리는 왜 타인을 비판할까요? 자기 자신이 괜찮은 사람처럼 느껴지지 않아서입니다. 당황스러운 점은 우리는 비판을 통해 상황을 개선하거나 기분을 풀고자 했지만, 그 결과로 오히려 더욱 불행해지고 스트레스를 받는다는 아이러니입니다.

자신이 부족하다고 느낄 때 타인을 끌어내리는 일은 아주 빈번하게 벌어지고, 매우 해롭습니다. 19세기 흑인 지도자 부커 T. 워싱턴(Booker T. Washington)은 이러한 상황을 간결하게 표현했습니다. "누군가를 끌어내리면 나도 함께 내려갈 수밖에 없습니다."

비판은 한 번 하면 반복하기 쉬워져서 방심할 수 없다는 점도 문제입니다. 비판으로 시작한 하루는 대개 비판으로 가득한 하루가 되어, 나와 관련된 모든 사람에게 나쁜 하루를 안겨줍니다.

우리가 타인에게서 비판하기로 선택하는 것은 우리 자신의 반영에 불과하다는 점도 반드시 기억해야 합니다. 우리가 인식하는 것은 우리가 투사한 겁니다. 우리가 중대하지도 않은 온갖 결점을 상상해서 상대에게 투사하는 이유는 우리 역시 인간으로서 지니는 속성과 약점을 이해하지 못하기 때문입니다. (아주 사소한 실수를 두고도) 자신을 용서하려는 마음이 부족하니 남들 앞에서도 재판관이자 배심원이 될 수밖에 없습니다.

기억하세요. 타인을 비판하는 것은 자신의 모습을 보여주는 것입니다. 우리가 보는 것은 우리가 타인에게 던진 것입니다. 타인의 작은 흠을 크게 만들어서 비판하는 이유는 나 또한 인간임에 허물과 약점을 가지고 있다는 점을 인정하고 받아들이지 못하기 때문입니다. 아무것도 아닌 일에도 자신을 용서할 수 없으니 남에게도 엄격하고 냉정하게 대하는 것입니다.

비판을 그만두는 것은 다른 나쁜 습관을 버리는 것과 같습니다. 사랑하는 사람들에게 상처 주는 말을 하지 않기로 결심하면 됩니다. 중국 속담에 이런 속담이 있습니다. "친구 이마에 앉은 파리를 쫓으려고 도끼를 휘두르지 마라." 비판적인 생각이 떠오르면 상처가 되는 말을 하지 않기로 다짐하고 매번 그렇게 습관을 만들어가야 합니다.

그렇다면 친구나 상사에게 진정으로 도움을 주고 싶어서 건네는 친절한 조언은 어떨까요? 이것도 비판이라고 생각하는 사람들이 있을 수 있습니다. 물론 우리는 친절한 조언과 악의가 담긴 비판을 구별할 수 있습니다. 하지만 '도움이 되려고' 하는 조언도 잘못된 일일 수 있습니다. 상대방이 피드백을 받고 싶어 하는지 물어보고, 그렇지 않다고 하거나 대답이 없으면 조용히 있는 것이 더 좋습니다. 방송인 딕 카벳(Dick Cavett)의 말을 빌리자면, "듣기 싫은 말을 들으려 하는 사람은 드물다."고 합니다.

우리가 만나는 모든 사람은 우리의 삶을 좋게 바꿀 수 있는 기회를 줍니다. 우리가 하는 모든 대화는 소중하고 신성하며, 그때마다 우리 곁에 신이 있습니다. 내가 해본 좋은 방법은 '내가 하려는 말을 신이 기뻐할까요? 신이 기뻐할 말은 무엇일까요?'라고 생각하는 것입니다. 이 질문은 나를 앞으로 나아가게 도왔습니다.

인생은 너무나도 빨리 흘러가고 세상은 복잡하니, 우리의 모든 행동, 생각, 기도, 기억을 평화롭게 만들어야 합니다. 그것이 가장 가치 있는 일입니다. 오늘 하루 함께 있는 사람들에게 좋은 영향력을 행사해 보세요. 그들은 다시는 그 순간을 걷지 않을 것입니다. 우리도 마찬가지입니다.

신체적인 폭력을 가하지 마라

신체적인 폭력은 몸에만 해를 입히지 않습니다. 마음에도 해를 입히지요. 사실 신체적인 폭력은 몸보다 마음에 더 해로운 영향을 미칠 때가 많습니다. 몸에 난 상처는 보통 시간이 지나면 아뭅니다. 하지만 기억은 남습니다.

당신이 신체 폭력의 피해자였다면 이렇게 말하고 싶군요. "당신은 혼자가 아닙니다." 신체적으로 학대를 당한 적이 있다면 지난 일을 떨쳐버리기 무척 어려울 수 있습니다. 우리의 과거는 자아가 장악하고 있는데, 자아는 학대당했던 모든 경험의 끔찍하고도 세세한 기억으로 우리의 마음속을 계속 채우면서 자라나기도 합니다. 이러한 자아의 영향력에서 벗어나는 방법은 단 한 가지, 바로 삶의 모든 면을 우리보다 큰 힘에 맡기고 숨을 깊이 들이마시는 겁니다. 그렇게 숨을 깊이 들이마시고 내쉬고를 반복하세요.

이름을 밝히고 싶어 하지 않는 한 유명 배우가 A.A. 컨벤션에서

"자기 삶은 자기가 상관할 일이 아니다."라고 말했습니다. 이 단순한 말은 평화로운 삶을 위한 열쇠입니다. 과거가 폭력으로 가득했더라도 말이죠. 현재에 대한 감사와 우리가 어디에 있든 신은 늘 곁에 있다는 자각으로 마음을 채운다면, 우리는 지난날을 받아들이고 살아가는 법을 배울 수 있습니다.

이제 폭력의 가해자로서의 책임에 관해서도 이야기해보죠. 누군가를 해치고 싶은 욕구는 특히 과거에 상대에게 해를 입었다면 이해할 만할지도 모릅니다. 하지만 이것은 폭력의 순환이 계속되게 하므로 결코 옳은 대응이 아닙니다. 누군가를 괴롭히는 것은 어떤 상황에서도 절대 적절하지 않습니다.

언어폭력과 마찬가지로 신체 폭력도 두려움의 결과입니다. 막상 마주치면 두려움처럼 보이지 않을지도 모릅니다. 사실 전혀 그렇게 보이지 않을 수도 있습니다. 그래도 사실입니다. 보복을 부르는 상황을 지나치려면 크나큰 용기가 필요합니다. 그래도 그래야만 합니다. 어떤 순간이든 어떤 상황이든 어떤 사람과 있든 간에 평화적으로 대응하는 데 집중해야 합니다. 그것만이 치유로 가는 길입니다.

상처가 아닌
도움을 주는 편을 택하라

우리는 매일매일 처하는 상황에 모두 대응합니다. 모두에게 다 들리게 말하거나 물리적으로 대응하는 것은 아니지만, 우리의 대응이 실제로 보이지 않는 때는 없습니다. 적어도 신은 알아보지요. 남에게 해를 끼치는 일을 하지 말라고 했던 달라이 라마의 말을 기억하세요. 이 말은 우리가 들을 수 있는 조언 중에 가장 다정하고 현명하며 평화를 위한 조언일 겁니다. 타인이 당신을 해쳤다고 해도, 상대에게 해를 가하고 싶은 마음을 무시하면 다르게 대응할 수 있는 무수한 길이 열립니다. 상처를 주는 대응을 선택하면 인생에 있어서 선택의 폭이 좁아집니다. 하지만 도움을 주는 다른 대응을 떠올리면 선택의 폭은 확장됩니다.

친밀한 관계가 도움을 주는 연습을 하기에는 쉽지만, 어려운 관계 더 나아가 분노가 형성된 만남이야말로 우리에게 진정한 가르침을 줍니다. 이런 관계는 도움을 주는 대응을 하기 위해 온갖 힘과 용기를 끌어모으게 합니다.

도움을 준다는 것은 실제로 무엇을 말할까요? 시간을 많이 들여야 할까요? 돈을 많이 써야 할까요? 우리 자신의 욕구는 제쳐둬야 할까요? 이 모든 질문에 대한 대답은 '아니다'입니다. 도움이란 자기 말을 들어달라는 사람에게 귀를 기울이거나 슬퍼 보이는 사람에게 웃어주는 것처럼 단순한 일일 수 있습니다. 상대를 위해 한 번 또는 그 이상 날마다 기도하는 일이 될 수도 있습니다. 갈등이 생길 것 같으면 자리를 피하거나, 자기가 옳다고 고집하는 대신 '져주는' 일일지도 모릅니다. 평화를 실천하는 것도 도움을 주는 대응입니다. 그러면 그 자리에 있는 모든 사람에게 도움이 됩니다.

도움을 주는 아주 좋은 방법 한 가지는 상냥한 말투를 쓰는 겁니다. 무례함이 아닌 상냥함은 그 자리에 있는 모든 사람은 물론이고 나중에 자기도 모르게 영향을 받을지도 모르는 사람들에게도 평화를 불러일으키는 데 크게 도움이 됩니다.

도움을 주는 일은 어렵지 않습니다. 도움을 주겠다고 결심하는 일이 어려울 뿐입니다. 결심을 한 다음에는 매일, 매 순간 도움이 되는 선택을 하면 그만입니다.

모든 행동에는 결과가 따른다

우리의 모든 행동은 어떻게든 반응을 끌어냅니다. 그래서 행동을 조심해야 합니다. 인간은 대개 자기중심적이기 때문에 생각 없이 행동하는 경향이 있습니다. 해를 끼치려는 의도는 없을지 몰라도, 실제로 해를 끼쳤다면 사실 의도는 전혀 중요하지 않습니다. 그러니 주의를 기울여야 합니다.

'피해자' 말고 영향을 받은 사람이 없다면 잘못을 바로잡을 수 있을까요? 그렇지 않습니다. 잘못을 바로잡는 일은 매우 복잡하며, 한 대상에만 피해를 입히는 일이란 존재하지 않습니다. 우리의 행동은 언제나 파급 효과를 일으키며 가까운 당사자뿐 아니라 주변 모두에게 영향을 미칩니다. 이 점을 절대 잊으면 안 됩니다.

그래서 매번 도움을 주는 행동을 하면 세상에 평화를 불러올 가능성이 있다는 겁니다. 모든 것은 우리 각자의 선택에서 시작됩니다. 오만하거나 순진한 말처럼 들릴지도 모르지만, 생각해 보세요. 우리의 친절한 행동은 다른 이들에게도 친절해지겠다는 의지를 불러일으킬 수 있습니다. 영화 〈아름다운 세상을 위하여〉에서도 그랬지요. 우리는 영혼으로 연결되어 있습니다. 누군가를 도우면 우리는 세상 곳곳에 있는 모든 사람을 돕게 되는 겁니다. 게다가 관련된 모든 사람과 평화로운 관계를 맺는 방법의 본보기가 됩니다.

우리는 모방을 통해 배웁니다. 우리는 늘 모방을 통해 배워왔습니다. 서로 상처를 주기 일쑤인 가정에서 자랐다면 역기능적 행동을 학습하는 경향이 있으나, 패턴은 바꿀 수 있습니다. 우리는 새로운 습관을 들일 수 있습니다. 연습이 핵심입니다.

한 시간이라도 마음속에서 어떤 일이 벌어지고 있는지 관찰하고 자신에게든 타인에게든 좋지 않은 생각을 바꾼다면 세상이 다르게 보일 겁니다. 사랑이 넘치는 세상을 잠시나마 마음속에 그려보고, 그런 세상을 만들 수 있는 행동에 나서 보세요. 평화로운 세상을 만드는 것은 타인의 일이 아닙니다. 우리 모두가 해야 할 일입니다. 한 번에 한순간, 한 가지 생각, 행동 하나만 바꾸면 됩니다.

싸움을 그만두어라,
한 번에 하나씩

우리는 왜 싸울까요? 왜 갈등을 일으킬까요? 바로 두려움을 감추기 위해서입니다. 지나친 일반화처럼 들릴지 모르지만 사실입니다. 최근에 싸웠던 경험을 떠올려 보세요. 상처받기 쉬운 상태였거나, 괴롭힘을 당하고 있다거나, 상대의 변덕에 휘둘리고 있다고 느꼈을 가능성이 큽니다. 그래서 당신은 반응했습니다. 상대가 당신의 행동이나 의견, 장래 계획을 통제하려고 들자 상대의 통제가 당신을 어디로 이끌지 두려워서 맞섰습니다. 그러면 상대는 왜 당신을 통제하려고 했을까요? 마찬가지로 두려움 때문입니다. 싸움은 두려움에 질린 당사자 두 명(또는 그 이상)과 늘 관련되어 있지만, 우리는 이 사실을 인정하기는커녕 깨닫지 못하는 경우가 대부분입니다.

기본적으로 우리는 모두 두 가지 감정, 즉 사랑과 두려움으로 움

직입니다. 두려움은 정서적, 신체적, 영적으로 해를 끼칩니다. 그리고 두려움에서 생겨나는 온갖 말다툼이 미치는 영향은 광범위합니다. 마음이 늘 동요된 상태로는 이 세상에 배우러 온 진정한 교훈에 집중하지 못합니다. 다투고 나면 마음의 동요가 오래도록 가라앉지 않습니다. 과거에 갇혀서 현재에서 손짓하는 교훈을 알아차리지 못하게 됨은 물론이고요. 늘 그렇듯 우리가 한 행동은 다른 상황에 영향을 주며, 반복하면 습관이 됩니다. 그러다가 끔찍하게 파괴적인 두려움에 빠지는 것이 습관이 되어버립니다.

두려움은 여러 가면을 씁니다. 침묵, 뚱한 표정, 눈물, 폭언처럼 때로는 신체적으로 나타나기도 합니다. 두려움은 어떤 만남에도 도움이 되지 않으며 언제나 갈등을 악화합니다. 두려움은 우리를 무자비하게 휘두를 수 있습니다. 두려움에서 풀려나 현재에 머물 유일한 방법은 우선 두려움이 왜 그렇게 힘이 센지 이해하는 겁니다.

나는 서른이 될 때까지 거의 늘 두려움을 느꼈습니다. 고압적이었던 아버지는 내 신념이나 행동을 통제할 수 없을 때마다 미친 듯이 화를 냈지요. 나도 내 나름대로 화를 내며 받아치는 데 열중했어요. 우리는 시도 때도 없이 싸웠어요. 지금은 당시의 싸움이 우리의 두려움, 그러니까 내 안전을 염려했던 아버지의 두려움과 언젠가 아버지처럼 될까 봐 걱정했던 나의 두려움의 결과였다는 것을 압니다. 얼마나 역설적인 일인가요.

아마 영성의 길을 걷지 않았더라면 나는 여전히 두려움에 싸인

채 살고 있을 겁니다. 내 변화는 하룻밤 사이에 이루어지지 않았습니다. 다만 두려움을 내려놓는 법을 배운 사람들이 있다는 사실에 희망을 품었습니다. 인정하기 부끄럽지만 나는 영성의 길을 걸으면서도 수년간은 여전히 쉽게 싸움에 말렸습니다. 30년이 넘게 지난 지금도 이런 행동을 완전히 내려놓지는 못했습니다. 하지만 싸움이 일어났을 때 내가 잘못한 부분을 책임지게 되었고, 두려움이 싸움을 부추겼다는 사실을 스스로 인정하는 의지가 전보다 강해졌습니다.

내가 '싸움을 그만두어라, 한 번에 하나씩'이라고 말한 이유가 있습니다. 초점을 좁히면 하나의 행동, 한 가지 태도, 생각 하나를 바꾸기는 훨씬 쉬워집니다. 당장 지금부터 영원히 싸우지 않겠다고 약속하면 실패할 확률이 높습니다. 그러니 '이 순간, 이 시간만큼은 싸우지 않겠다'라고 말하는 편이 훨씬 낫습니다. 앞으로 타인의 의견이나 비난, 무시 등에 당신이 느끼는 두려움이 무엇인지 검토하세요. 그리고 더 높은 권능의 자상한 손길에 두려움을 맡기면 됩니다. 기억하세요, 한 번에 하나씩입니다.

두려움의 손아귀에 잡혀 있지 않아도 됩니다. 두려움이 우리를 장악할 수 있는 단 하나의 이유는 우리가 그렇게 내버려 뒀기 때문입니다. 우리는 두려움보다 사랑을 선택할 수 있습니다. 이해하기 어려운 일이 아닙니다. 나도 해본 일입니다. 그저 주변 상황과 사람을 바라보는 관점을 바꿀 의지만 있으면 됩니다. 삶이 두려움으로 가득한 사람은, 삶을 사랑으로 대할 수 없다고 생각하는 사람은, 깨달을 의지가 없는 겁니다. 하지만 타인이 못한다고 해서 당신도 할 수 없는 것은 아닙니다. 사랑을 선택하는 순간마다 우리는 바뀌며, 주변 사람도 바뀝니다. 이것은 틀림없는 사실입니다. 당신은 한 번에 싸움을 하나씩 그만두겠다고 결정하기만 하면 됩니다. 싸움이 당신을 부르거든 눈을 돌리세요. 기도하세요. 당신의 경험을 바라보는 다른 관점을 알게 된 것에 감사하세요.

일찍이 문화인류학자 마거릿 미드(Margaret Mead)는 세상은 한 번에 한 사람, 행동 하나씩 바뀌며 다른 방법은 없다는 말을 남겼습니다. 이 말이 맞았다는 것을 기꺼이 증명해 봅시다. 싸움을 그만두면 당신은 변화의 주도자가 됩니다. 싸우고 싶은 유혹을 물리칠 때마다 다른 이들도 그렇게 할 수 있다고 보여주는 겁니다. 우리의 행동은 이렇게 주변으로 퍼져 나갑니다. 사랑을 택할지, 두려움을 택할지는 당신 몫입니다.

PART 10

쉴 새 없이 재잘대는 자아는
저 멀리

우리의 마음은 끊임없이 재잘댑니다. 마음이 재잘대는 소리를 의식하고 있습니까? 몇 분만 주의를 기울여보세요. 당신은 장보기 목록이나 다른 '할 일' 목록을 만들고 있을지도 모릅니다. 쇼핑몰에서 방금 지나친 여자를 평가하고, 그 여자와 당신을 비교하고 있을지도 모릅니다. 어느 순간 마음은 당신이 그다지 잘나지도 똑똑하지도 예쁘지도 않다는 생각으로 옮겨갑니다.

막히는 고속도로에서 갓길로 달리며 당신 옆을 막 지나간 또는 앞에 끼어든 운전자는 어떤가요? 이들에게 어떤 생각이 듭니까? 주변이 온통 차로 붐비는 상황에서 당신의 주의를 빼앗는 생각은 또 무엇인가요? 배우자가 곧 있을 기념일을 위해 무엇을 계획하고 있을지 궁금해하고 있나요? 아니면 사랑하는 사람을 떠나보내게 될까 봐 걱정하고 있습니까?

어쩌면 화창한 날씨에 마음이 가 있어서, 얼마 전에 꽃을 심었는데 볕이 좋으니 참 잘됐다고 생각할지도 모르지요. 특히 나는 글을 쓰느라 바쁠 때면 주로 집 안 구석구석에 있는 먼지 뭉치로 생각이 향합니다.

재잘거리는 마음은 주의를 산만하게 할 수 있습니다! 마음은 거의 항상 이런저런 시나리오를 넘나드느라 바쁩니다. 하지만 꼭 그럴 필요는 없습니다. 우리는 마음을 통제할 수 있습니다. 우리는 평화를 누리고, 평온을 경험하며, 신의 메시지를 깨달을 수 있습니다. 생각과 마음은 바꿀 수 있으며, 그러면 인생도 따라 바뀔 겁니다.

어떤 생각이든 내보낼 수 있다

물론 생각을 하는 것이 죄는 아니지만, 생각 때문에 가야 할 길에서 벗어나게 되는 때가 너무 많습니다. 우리는 자신을 폄하하고, 타인을 판단하고, 과거를 반복하고, 미래를 걱정합니다. 그러지 않아도 됩니다. 생각은 전적으로 우리 책임이며 필요하다면 원한다면 언제든지 통제할 수 있습니다. 정말 힘이 되는 말이 아닌가요? 아무도 당신의 정체성을 빼앗을 수 없습니다. 아무도 당신의 승낙 없이 당신의 생각과 인생을 통제할 수 없습니다. 아무도 당신에게 득이 되지 않는 상황을 강요할 수 없습니다. 아무도 의견이나 태도를 강제할 수 없습니다. 당신은 마음먹은 만큼 행복과 평온, 평화, 자기 확신을 얻을 수 있습니다. 자기 자신을 어떤 사람이라고 생각하든, 당신은 바로 그런 사람입니다. 그리고 당신을 긍정적으로 성장시키지 않는 생각은 지금 당장 버려버리면 됩니다.

말만 쉽다고요? 한번 해보세요. 딱 한 번만 해보세요. 방법은 이렇습니다. 부정적인 생각이 마음속을 돌아다니기 시작하거든 입으로 '후' 불어서 날려버리세요. 탈탈 털어내는 모습을 상상하세요. 괜한 생각이 들어앉아 마음이 번잡하거든 그 생각도 불어 날려버리는 겁니다.

바보같이 들릴지도 모르고 딱히 도움이 되거나 대단한 방법이 아닌 것처럼 들릴지도 모릅니다. 하지만 분명히 효과가 있습니다! 사실 이 점이 중요하다고 생각합니다. 나는 우리가 품고 있는 모든 생각의 숨은 의미를 분석해야 한다는 생각에 동의하지 않습니다. 떠올렸을 때 행복하지 않은 생각이라면 어떤 방법을 동원해서든 떨쳐 내는 편이 더 맞습니다.

말하자면 옥수수를 키우려고 씨를 심기 전에 땅을 일구는 것과 비슷합니다. 먼저 잡초를 뽑고 땅에 박힌 돌을 고른 뒤 고랑을 파야 씨를 심을 수 있습니다. 우리가 땅속에 떨어뜨리는 것, 마음속에 심어 가꾸는 것이 자라나는 겁니다. 이것은 그리 어려운 일이 아닙니다. 그러니 따라 해보세요. 부정적 생각들을 후 불어 날려버리세요. 다시 하세요. 그리고 또 반복하세요.

생각을
현명하게 선택하라

생각을 선택하는 것은 우리입니다. 도움이 되지 않는 타인의 의견에 순순히 따르기로 선택하는 것도 우리지요. 과거의 상처에 계속 갇혀 있기를 선택하는 것도, 미래를 걱정하는 것도 우리랍니다. 이 사실은 정말로 기쁜 일입니다! 우리가 도움이 안 되는 생각을 선택할 수 있는 것처럼 도움이 되는 생각을 선택할 수도 있습니다. 운전석에 앉은 사람은 우리입니다. 우리는 마음만 바꾸면 만족스럽고 평화로울 수 있습니다. 지금 당장 변하지 못할 이유는 아무것도 없습니다.

생각 때문에 괴롭다면
다른 생각을 선택하라

언짢은, 우울한, 화난, 두려운 기분으로 하루를 보내고 있습니까? 그러지 않아도 됩니다. 어떤 기분이든 그 이면에는 생각이 있으며, 우리는 이 생각을 바꾸는 선택을 할 수 있습니다. 언제든지요. 그저 관점만 바꾸면 됩니다.

《기적수업》에서는 관점을 바꾸는 일을 기적이라고 말합니다. 대개 감지하기 매우 어렵고 아주 조용히 일어나는 변화지만, 관점 변화는 적극적인 실천 방법입니다. 우선 부정적인 영향을 주는 생각을 품지 않겠다는 자발적인 의지가 있어야 합니다.

다음에는 그 생각을 대신할 더 나은 생각을 선택하게 해달라고 더 높은 권능에 요청해 보세요. 이것은 삶을 바라보는 새로운 시각입니다. 더 높은 권능과 관계를 맺고 있음을 받아들이면, 나와 신을 동반자 관계로 인식하게 됩니다. 그렇게 신에게 의지하면 더는 혼자 힘들지 않아도 됩니다.

주변에서 일어나는 일을 바라보는 관점을 조금만 바꿔도 내면의 대화를 완전히 바꿀 수 있으며, 그러면 생각과 기분도 바꿀 수 있습니다. 당신은 이렇게 기도만 하면 됩니다. "신이시여, 이 상황을 다른 관점으로 볼 수 있게 도와주소서." 믿기지 않겠지만 새로운 생각은 바로 찾아옵니다. 하지만 우리 자아는 교활하고 종잡을 수 없고 힘이 셉니다. 우리가 받아들일 기회가 있기도 전에 덤벼들어 새로운 생각을 밀쳐낼지도 모릅니다. 그러면 우리는 이 과정을 반복하면 그뿐입니다. 그저 변화를 다시 경험하겠다고 요청하세요. 연습하고, 연습하고, 또 연습하세요.

관점을 기꺼이 바꾸려고 할 때 생기는 힘은 실로 대단합니다. 앞으로는 원하지 않는 기분이나 생각에 휘둘릴 필요가 전혀 없습니다. 도움을 요청할 정도로 겸허해질 때마다 더 높은 권능과 맺고 있는 동반자 관계도 강화됩니다. 우리가 신을 어떻게 정의하든, 신과 맺고 있는 유대를 강화하면 아주 많은 면에서 도움이 될 겁니다. 우리를 인도하는 신에게 의지하는 습관을 들일수록 인생의 모든 영역에서 어려움이 줄어들 겁니다.

세상을 바꾸자는 게 아닙니다. 세상을 바꾸는 것은 사실 우리 일도 아닙니다. 하지만 우리 자신을 바꾸는 것은 우리의 일이므로 할수 있습니다. 우리가 진정으로 이뤄야 할 것은 가장 중대한 사고의 변화입니다. 신은 이 점을 계속 상기시키며 우리가 변화할 수 있게 도울 겁니다. 관점을 바꾸는 습관이 몸에 배면 우리는 다른 문제들도 신에게 해결하게 해달라고 맡길 수 있게 됩니다.

마음을 고요히 하고
내면의 안내를 받아라

마음속에는 늘 두 목소리가 있다고 했던 말 기억하지요? 한 목소리는 자아의 목소리로 대개 관심을 끌려고 아우성치며, 다른 목소리는 작고 부드러워서 자아가 우리에게 소리치게 내버려 두면 전혀 들리지 않는다고 말했습니다. 이 나지막한 목소리는 우리를 영적으로 인도하고 필요할 때는 위로하며 평화를 주려고 하지만, 이 목소리를 들을 수 있을 정도로 마음을 고요하게 하려면 우리는 자아가 가진 통제권을 빼앗아야 합니다. 그렇게 하면 엄청난 보상을 받을 수 있습니다. 우리를 쉴 새 없이 괴롭힐 뿐인 재잘대는 소리가 바로 사라짐을 느낄 뿐 아니라, 우리의 많은 동반자들도 이로운 영적 안내를 받기 시작합니다.

우리의 삶에는 목적이 있습니다. 이 말은 살아 있는 모든 사람에게 적용됩니다. 목적이 무엇인지 알 수 있는 확실한 방법은 단 하나, 바로 우리에게 필요한 안내를 받는 겁니다. 우리를 이끌어줄 안내는 이미 내면에 있지만 억지로 주어지지는 않습니다. 우리가 준비되어 있어야 하고, 의지가 있고 의욕도 가득해야 합니다. 이 정도로 준비되기 전까지는 우리는 평화를 알지 못할 겁니다. 그때까지는 재잘대는 자아의 목소리가 우리의 삶과 마음의 평화를 계속 방해할 겁니다.

중독에서 회복하던 초기에 나는 온통 불안에 휩싸여 있었습니다. 집 밖을 나설 자신이 없었지요. 회사에 나가기도 두려웠습니다. 그런 기분이 부끄러워서 내가 얼마나 무서워하는지 친구들은 몰랐으면 했습니다. 실패자처럼 보이기 싫었죠. 같은 12단계를 따르고 있었고, 다들 잘하고 있는 것처럼 보였습니다. 그런데 나는 뭐가 문제였을까요?

그 당시 한 친구가 우리 집에 책을 한 권 놓고 갔고, 두려움에 싸여 있던 나는 책을 집어 들었습니다. 리처드 바크(Richard Bach)가 쓴 《환상》이었습니다. 나는 그 책을 읽었고 희망적인 내용이 마음에 들었지만, 그때 내 삶을 정말로 변화시킨 것은 뒤표지에 실린 저자 메시지였지요. "당신이 이 책을 읽고 있고 아직 살아 있다면 못 이룬 목적이 있다는 뜻입니다." 그때 내게 필요했던 안내는 이 단순한 메시지였습니다. 나는 이것이 더 높은 권능이 보낸 메시지이자 고요하게 마음을 가다듬을 때 받을 수 있는 메시지라고 확신했습니다.

차분하고 부드러운 내면의 목소리에 계속해서 귀를 기울일 수 있다면 자신이 내린 결정을 의심할 이유는 없을 겁니다. 영적 양식과 인도, 위로와 평화를 구할 수 있는 곳을 제대로 찾아간다면 흔들릴 일은 없을 겁니다. 자아가 크게 떠들어대는 소리에 묻혀 이 메시지가 여전히 약하게 들리는 것 같다면, 이 말을 기억하세요. 인생길에서 만나는 모든 사람에게 사랑만을 표현한다면 이루지 못할 목적은 없을 겁니다. 그렇습니다. 잘 모르겠다면 모든 사람에게 사랑과 친절, 위로만을 베풀어보세요. 당신이 찾고 있는 안내가 친절한 행동 가운데 드러날 겁니다. 확신이 들지 않더라도 당신은 그 과정에서 평화에 일조했을 겁니다.

PART 11

우리는 모두 연결되어 있다

내가 이룬 매우 중요한 마음의 변화 중 하나는 모든 타인을 신성한 만남으로 보겠다고 결정한 것이었습니다. 그렇습니다. 가정에서도 마트에서 물건을 계산할 때도 우리는 신성한 만남에 참여하고 있습니다. 가장 일상적인 소통마저도 삶을 엮는 데 필요한 씨실과 날실이 되는 신성한 만남입니다.

어떤 만남이 다른 만남보다 더 특별하거나 우선순위가 따로 있지 않습니다. 나는 이 교훈을 평생에 걸쳐 깨달았습니다. 우리의 인생길에 우연히 들어서는 사람은 아무도 없습니다. 그들이 왜 왔는지, 그들이 우리에게 무엇을 바라고 있는지는 이해할 필요가 없습니다. 우리의 유일한 과제는 인생길에서 마주치는 모든 사람을 신성한 동반자이자, 우리와 마찬가지로 과제를 수행하고 있는 사람으로 대하는 겁니다.

우리는 모두 서로 연결되어 있습니다. 사실 나는 이 생각이 참 위안이 됩니다. 이렇게 생각하면 인생길을 헤쳐 나가기가 더 쉬워지니까요. 주어진 상황에 어떻게 대응할지 어림짐작으로 결정하지 않아도 됩니다. 신을 기쁘게 하지 않을 대응만 조심하면 됩니다. 그러한 대응을 하고 싶다면 침묵을 지키거나, 시간을 더 두고 생각하는 편이 더 낫습니다.

모든 사람들을 신이 우리를 보듯 애정 어린 시선으로 바라보기로 선택해 보세요. 적절하게 대응하지 못할 일은 없을 겁니다. 그러려면 연습이 필요하지만, 모든 만남은 신이 기획했다는 사실을 기억하세요. 매일 한 시간만 기억해도 자기 행동을 점검하고, 친절하게 행동하며, 신이 우리 모두에게 보여준 사랑을 투영해 행동할 가능성이 훨씬 높을 겁니다.

우연한 경험은 없다

우리는 아주 어릴 때부터 경험을 여러 갈래로 나누었습니다. 좋거나 나쁜 것, 교육적이거나 무모한 것, 영적이거나 우연한 것, 비극적이거나 운이 좋은 것으로 구분했지요. 이렇게 구분하려는 유혹이 강한 이유는 모든 경험이 신성하며 우리 여정에 필요한 것에 맞춰져 있다는 사실을 인정하지 않아도 되기 때문입니다. 우리는 저마다 이번 생에 경험하기로 선택한 계약 이행을 위해 이 세상에 왔다던, 캐롤라인 미스의 말을 기억하지요? 이 말은 과거와 현재의 관계나 경험에서 우연은 없다는 뜻입니다. 어떤 경험은 높이 사고 어떤 경험은 낮춰 본다면 본질을 놓친다는 뜻이기도 합니다.

이런 생각을 받아들이면 우리의 삶 전체가 이해되기 시작합니다. 삶에는 패턴이 있습니다. 일이 일어난 (그리고 계속 일어나는) 데는 이유가 있습니다. 우리는 부정적 태도를 키우는 과거의 상처와 분노, 자기연민과 혼란을 더는 붙들고 있지 않아도 됩니다. 힘들었던 과거 경험의 기억이 기분을 결정하게 두지 않아도 됩니다. 상처가 된 경험을 두고 더는 남 탓을 하지 않아도 됩니다. 우리는 이런 경험들과 사람들이 이번 여정을 위해 미리 선택됐다는 것을 깨달을 수 있으며, 그러면서 원망을 모두 내려놓기로 선택할 수도 있습니다. 여기서 오는 자유는 엄청납니다.

영적 회복 과정의 초기에 모든 경험을 신에게 감사해야 하며, 모든 경험에서 좋은 점을 찾아야 한다는 말을 들었던 것이 기억납니다. 처음에는 이 말에 쉽게 수긍하지 못했습니다. 모든 경험이 의도된 것이며 신성하다고 믿기에는 삶에서 고통스러웠던 때가 너무도 많지요. 가장 고통스러웠던 경험조차 신성했고, 내가 지금의 모습이 되는 데에 필요했으며, 결과적으로 축복이었다니요. 나 또한 이러한 관점으로 삶을 바라보고, 과거를 되돌아보고 받아들이기까지는 많은 의지가 필요했습니다. 우연은 없다는 생각을 받아들이면 우리 안의 혼란, 두려움, 분노하는 마음, 선입견이 부른 화, 저항감, 결과에 대한 끝없는 걱정을 버릴 수 있습니다. 모든 경험은 정해진 때를 맞춰 일어나며, 우리가 실제로 할 일은 받아들이는 것뿐입니다.

너무 쉬워서 터무니없는 말처럼 느껴진다면, 이렇게 생각해 보세요. 죽을 때가 되어 이런 관점이 모두 잘못됐다는 것을 알게 된다 한들 문제가 될까요? 그렇지 않을 겁니다. 이 관점 덕분에 우리는 일생을 훨씬 더 평화롭게 살 수 있었을 겁니다.

경험에서 교훈을 찾아라

7장에서 말했듯 교훈은 우리가 배울 때까지 반복됩니다. 교훈은 경험을 통해 나타나므로, 어떤 경험이든 중요하지 않다고 무시해서는 안 됩니다. 이번 생에서 매우 중요한 교훈을 전하는 경험들은 매우 사소해 보일 수도 있습니다. 그렇다고 그 경험들이 인생을 위한 계획에 포함되지 않다는 뜻은 아닙니다. 이를테면 노인에게 문을 열어주고 고맙다는 인사를 듣는 경험은 사랑과 관심의 표현이 얼마나 필요한지 확인하는 순간이지요. 사랑을 베풀 기회가 주어진다는 것은 행운입니다. 우리가 완전히 깨달을 때까지 계속해서 나타난다는 것은 더할 나위 없이 좋습니다.

이 교훈은 두려움 대신 사랑을, 저항 대신 수용을, 원망 대신 용서를 택하게 합니다. 주로 대인관계에서 오는 갈등의 형태로 나타나며, 우리의 삶에 방향성을 부여합니다. 우리가 타인과 맺는 관계, 우리가 소중히 여기는 관계와 힘겨워하는 관계를 모두 만들고 유지합니다. 우리가 이곳에 온 목적을 이루고 모든 사람의 삶에 변화를 가져올 수 있게 합니다. 우리가 서로 연결되어 있다는 것은 누군가가 터득한 교훈이 타인들에게도 흔적을 남기고 있다는 뜻입니다.

내가 경험을 통해 배우고 또 배워야 했던 교훈 중 하나는 타인이 나를 어떻게 대하는지가 내 삶에 어떤 의미를 주지는 않는다는 점입니다. 타인의 행동은 그들이 자신을 어떻게 보는지, 결국 자신을 어떻게 생각하는지를 반영하는 것입니다. 설사 그들의 행동이 내가 한 행동이나 말과 실제로 연관이 있더라도, 내 삶에 그 어떤 의미를 주는 경우는 극히 드뭅니다.

이 깨달음은 내게 매우 큰 교훈이었습니다. 나는 어릴 때부터 성인이 된 지금까지, 다른 사람들이 나에게 어떻게 대하느냐에 따라서 나의 성격이나 행동이 바뀌었기 때문입니다. 다른 부분에서 이미 자세히 말한 내용이지만 여기서 반복하는 이유는 내가 터득해야 했던 교훈을 배우고 마침내 삶이 달라졌기 때문입니다. 내가 주변 사람을 대하는 방식도 달라졌습니다. 나 스스로를 책임지기 전까지 나는 내가 어떤 사람인지 정말 몰랐습니다. 하지만 스스로를 책임지기 시작하니 내 삶은 어느 하나 바뀌지 않은 곳이 없습니다.

우리가 날마다 하는 모든 경험에는 크고 작은 교훈이 있습니다. 우리가 그 교훈이 무엇이었고 또 무엇인지를 깨닫기 시작하면, 앞으로 일어날 일에 마음이 더 열리며 저항감이 줄어듭니다. 이미 일어난 일은 가르침과 영적 성장을 위해 의도된 것이며 목적을 이루는 데 필요한 것이라고 깨달을 때, 비로소 우리는 자연스럽게 앞으로 일어날 일을 두려워하지 않게 됩니다. 그것이 바로 자유입니다.

모든 만남은 운명이다

우리는 다른 이들과 함께 서로의 발전에 도움이 될 경험을 하겠다는 신성한 계약을 맺고 이 세상에 태어났다고 했습니다. 다시 말하자면, 우리 삶을 거쳐 가는 한 사람 한 사람의 의미를 아는 일은 대단히 중요합니다. 그들이 나타난 것은 우연이 아닙니다.

사람마다 만남마다 의미가 있다고 생각하면 행복한 만남이 주는 기쁨은 커지고 힘든 만남이 주는 괴로움은 줄어드는 효과가 있습니다. 우리가 때때로 느끼는 고통과 혼란도 완화됩니다.

사실 태어나기 전에 맺은 계약을 조금이라도 기억하는 사람은 아무도 없다고 해도 무방할 겁니다. 이렇게 기억을 못 하는 탓에 우리는 감당하기 고통스럽거나 너무 어렵거나 혼란스러워 보이는 상황에 부닥치면 두려움에 휩싸이게 됩니다. 우리는 정확히 있어야 할 곳에 있고, 곁에는 함께 경험하기로 한 사람들이 있으며, 신도 동반자로서 늘 함께한다는 사실을 가끔이라도 기억할 수 있다

171

면, 마음이 훨씬 더 평화로울 겁니다.

　우리가 경험하게 되는 모든 일이 미리 선택되었다는 생각은 받아들이기 불편할지도 모릅니다. 신체적 학대나 성적 학대를 경험했다면 더더욱 그럴 겁니다. 나는 당신에게 이렇게 말하고 싶습니다. 생각이 당신을 괴롭힌다면 놓아버리세요. 그렇게 잘 안 된다면, 이 말을 기억하세요. 사람들이 자주 하는 말이지요. "좋은 것만 취하고 나머지는 버려라." 나도 사실 그저 신은 우리 곁을 떠나지 않는다는 것만 알 뿐입니다. 이러한 믿음은 어떤 경험이 찾아와도 버텨낼 커다란 위안이 됩니다. 혼자서 경험하는 것은 계획에 있던 일이 아닙니다. 삶이 정해진 길을 따라가고 있다는 것에 기뻐하는 편을 택하든, 여정을 거부하는 편을 택하든 우리는 여전히 정해진 곳에 다다를 겁니다. 나는 단지 더 평화로운 길로 가는 것이 가장 이치에 맞는다고 생각합니다.

모든 경험에 감사하라

우리는 감사가 얼마나 중요한지 종종 잊습니다. 모든 경험에 감사하세요. 괴로운 경험과 즐거운 경험 모두 삶의 여정에 중요합니다. 하지만 감사한 마음은 결정할 수 있는 것이며, 언제든 선택할 수 있다는 점을 깨닫지 못하는 사람이 많습니다. 감사한 마음은 결정할 수 있다고 믿을 때 좋은 점은 인생의 모든 상황을 바라보는 관점을 바꿀 힘이 생긴다는 겁니다.

물론 '좋은 일'에는 감사하기가 쉽습니다. 만족할 만큼 건강하거나 특별한 배우자를 만나서 자녀와 손주가 태어났을 때는 그야말로 저절로 감사의 말이 나옵니다. 하지만 힘들고 괴롭고 혼란스러울 때는 어떤가요? 그런 경험에도 기꺼이 감사하게 되면 바로 교훈을 얻을 기회가 생기는 겁니다. 앞에서도 이미 여러 번 말했지만, 믿기 힘들어도 우리에게 오는 것은 언제나 옳습니다. 이것은 온전한 진실입니다. 언제나 그렇습니다.

과거에서 특히 비극적이거나 우연처럼 보였지만 지나서 보니 중요한 전환점 또는 인생의 교훈이 되었던 경험을 떠올려 보세요. 전체 그림이 한 번에 드러나는 일은 드뭅니다.

전체 그림이 드러나면 오히려 감당하기 힘듭니다. 그래서 신은 우리가 감당할 만큼 한 번에 조금씩 보여준다고들 합니다. 확실히 나는 이 말을 믿고 싶은 마음이 큽니다. 나만 해도 첫 결혼 생활이 무슨 이유로 어떤 결말에 이르게 될지 미리 알았더라면 얼어붙고 말았을 겁니다. 덕분에 나는 감정의 격변이 찾아왔을 때 견딜 수 있었던 것 같습니다. 그 시절을 지나오며 내가 받은 모든 선물, 즉 굉장히 힘들었던 일들 하나하나에 무척 감사하고 있습니다. 하나같이 내가 성장하는 데 필요한 경험이었지요.

감사하겠다고 결정한다는 것은 의심을 내려놓는다는 뜻입니다. 의심은 우리의 에너지를 낭비하는 일입니다. 모든 경험을 반기지는 않아도 됩니다. 사실 경험을 회피할 수도 있습니다. 하지만 장담하건대 우리의 고유한 여정에 정말 필요한 경험이라면, 또다시 나타날 겁니다. 우리에게 무엇이 최선인지 더 높은 권능은 알고 있지만, 자아는 정말로 알지 못합니다. 우리에게 필요한 경험은 어느 하나라도 그냥 지나가지 않을 겁니다.

나는 일어나는 모든 상황에 감사하기로 선택함으로 엄청난 위안을 얻었습니다. 이해되지 않고 화가 나고 상처가 되는 슬픈 상황에서도 말이지요. 신의 무한한 지혜를 의심하는 일을 그만두기 전까지는 평화를 누리지 못합니다. 나는 이것을 깨닫자마자 그렇게 찾아 헤매던 평화를 발견했습니다.

다 좋은 이야기인데, 감사하는 마음을 어떻게 키워야 할까요? 한 가지 좋은 방법은 밤마다 잠들기 전에 감사 목록을 작성하는 겁니다. 이것이 습관이 되면 걱정이 훨씬 줄어들게 될 겁니다. 당신은 가능한지도 몰랐던 평화를 알게 될 겁니다.

타인과 맺는 관계에서
마음이 치유된다

사실 혼자 고립된 채로는 마음을 치유할 수 없습니다. 치유는 관계에서 오며, 만물과 만인이 서로 밀접하게 연결되어 있음을 깨닫고 감사하는 마음에서 옵니다. 고립되어 있으면 이런저런 모습을 가장할 수는 있으나, 건강한 자아상을 만들거나 의미 있는 일을 해내겠다는 자극을 얻기 힘듭니다. 분리되고 고립되어 있다는 착각을 버리면 우리는 전에는 엄두도 내지 못했을 목표를 세우고 그것을 이룰 수 있게 됩니다. 삶이 어떤 상황에 있든 기꺼이 사랑하고 용서하게 됩니다. 서로에게서 자신을 보고, 같은 인간으로서 지닌 약점과 결점을 인정하는 한편 장점도 있다는 것을 알고 기쁘게 받아들이게 됩니다. 치유된 마음이 주는 선물이지요.

토머스 에디슨(Thomas Edison)처럼 주로 실험실에서 홀로 밤낮을 보내며 자신의 목적을 찾고 이루는 사람도 있겠지만, 대부분

고립된 상태에서는 살아가는 목적을 발견하지 못합니다. 사람들과 함께하는 경험을 통해 우리가 왜 이곳에 있는지 단서를 찾으세요. 우리가 부여받은 소명은 대체로 외부 세계를 피해서는 실천할 수 없습니다.

사실 소통할 사람이 없다면 우리는 스스로가 진정 어떤 사람인지 알 수 없습니다. 아마 가장 이해하기 어려운 사실은 우리가 힘겨워하는 관계를 맺는 상대에게서 가장 많이 배운다는 점일 겁니다. 마음은 이처럼 더 어려운 소통에서 치유됩니다.

그래서 모든 관계에 감사하기로 선택하는 것은 매우 중요합니다. 저마다의 관계가 우리 삶에 주는 의미를 신이 어떻게 의도했는지 우리는 절대 알 수 없습니다. 그저 우리의 치유를 도우려고 존재한다고 확신할 수 있을 뿐입니다.

마음을 치유할 기회는 어디에서나 있습니다. 인생길에서 만나는 사람과 애정을 담아 소통하기를 거부하며 이 기회들을 모르는 체할 수도 있지만 말입니다. 하지만 기억하세요. 교훈을 피할 수는 없습니다. 정말입니다. 그래서 평화적인 대응을 택하는 편이 이치에 맞는다는 겁니다.

Change Your Mind and
Your Life Will Follow

PART 12

마음에는 두 목소리가 있으며, 하나는 항상 틀리다

평화로운 삶에 중점을 둔 영성을 기록한《기적수업》에 따르면 우리 마음속에는 두 목소리가 있다고 했습니다. 빠르게 다시 정리하자면, 하나는 자아의 목소리고 다른 하나는 신의 목소리입니다. 신의 목소리는 말하자면 내면의 평화로운 전달자라고 할 수 있는데, 더 높은 권능, 위대한 정령, 우주의 원천 등 원하는 대로 불러도 좋습니다. 두 목소리 모두 늘 우리 안에 있지만, 유난히 시끄러우며 대개 우리의 관심을 차지하는 목소리가 있습니다. 이미 여러 번 이야기했으니, 어느 목소리를 말하는지 감이 올 겁니다.《기적수업》에서는 자아의 목소리가 가장 클 뿐만 아니라 늘 잘못된 메시지를 전한다고 말합니다. 그런데 우리는 왜 그렇게 열심히 그 목소리에 귀를 기울일까요?

정말 알 수 없는 일입니다. 자아는 우리의 친구가 아닙니다. 친구인 척하겠지만 친구는 아닙니다. 자아는 우리를 타인과 갈라놓으며 우리가 특별하다고 느끼게 하려 할 겁니다. 언제는 우리가 우월하다고 했다가 언제는 열등하다고 하며 평정심을 잃고 혼란에 빠지게 할 겁니다. 자아의 생존 자체는 우리가 자아의 말에 귀 기울이는지에 달려 있습니다. 그러니 자아는 우리를 계속 지배하려고 무슨 짓이든 할 겁니다. 자아는 분별과 지혜를 버리고 분노와 두려움, 공격적 행동, 고립된 태도로 삶을 마주하라고 늘 우리를 설득합니다.

반면에 나지막한 다른 목소리는 사랑과 평화, 내려놓음과 용서, 희망과 수용을 말합니다. 이 목소리는 우리와 타인을 절대 구분하지 않습니다. 우리가 서로에게 꼭 필요한 신성한 존재라는 점을 늘 강조합니다. 이 목소리는 우리가 애정을 갖고 돈독한 관계를 맺을 수 있게 이끌 겁니다. 우리는 늘 있어야 하는 곳에 있으며 신의 손길은 늘 존재한다는 사실을 끊임없이 상기시킬 겁니다.

다행히 우리에게는 자유 의지가 있으니 듣고 싶은 목소리를 자유 의지로 선택할 수 있습니다. 작고 부드러운 평화의 목소리에 늘 귀 기울이기로 선택할 수 있습니다. 우리는 마음을 바꾸기로 선택할 수 있으며, 인생도 따라 바뀔 겁니다.

주의 깊게 살펴서 선택하라

우리가 찾고 있는 것이 평화라면, 당신이 하는 선택에 주의를 기울여야 합니다. 자아는 험담, 비판, 비교, 판단, 질투, 두려움, 분노를 선택하라고 자주 손짓할 것입니다. 우리가 반드시 기억할 것은 이 중 어떤 선택도 우리를 평화로 인도하지 못한다는 점이지요. 이렇게 자아에 이끌려 선택하게 되면 습관이 되어버릴 수도 있지만, 앞에서 말했듯 절대 바꿀 수 없는 습관이란 없습니다. 당신이 정말로 삶에서 평화를 원한다면 선택 전에 더 높은 권능의 도움을 받아 찬찬히 따져 봐야만 합니다. 말이나 행동을 하기 전, 앞으로의 일을 계획하기 전에 잠시 멈춰서 하려던 행위를 검토하세요. 고려하고 있는 선택이 평화로운 경험에 도움이 되지 않는다면 다시 선택하는 것이 최선입니다.

평화에 이르는 길은 열심히 찾으려고만 노력하면 그렇게 어려운 길이 아닙니다. 사실 이 길은 한 방향으로만 나있습니다. 다정한 생각과 친절한 행동을 하면 평화는 나타납니다. 신이 우리에게 바랄 것 같은 생각과 행동을 하고 있다면 평화를 경험할 수 있습니다. 평화는 따뜻한 물결처럼 밀려올 겁니다. 우리의 다정한 생각과 친절한 행동을 받아들이는 이들도 우리가 느끼는 평화의 물결을 경험할 겁니다.

이 말을 좀 더 자세히 들여다보세요. 다정한 생각은 이해나 용서를 구하는 기도일지도 모릅니다. 상대의 안녕을 빌거나 아픈 이를 위한 기도가 될 수도 있습니다. 대상을 특정하지 않고 뒤숭숭한 세상을 위해 드리는 기도도 있겠네요. 다정한 생각은 그저 모든 만남이 '신성함'을 인지하는 것일지도 모릅니다. 갈등이 생길 때마다 기꺼이 관점을 바꾸려고 의지도 다정한 생각입니다. 그 자리에 있는 이들에게 조용히 찾아오는 변화입니다. 그래도 우리의 변화는 느껴질 것이며, 상황에 영향을 미칠 겁니다. 지금 이 순간과 지나온 모든 순간에 감사하는 마음을 인정함도 다정한 생각의 표현입니다. 분노가 두려움의 부산물이라는 것을 인식하고 분노에 찬 사람에게 기도처럼 고요하고 평화로운 생각을 보내는 일은 신이 우리에게 바랄 만한 행위겠지요.

다정하고 친절한 행동은 쉽습니다. 기회가 될 때마다 인상을 쓰기보다 웃는 편을 택해보세요. 아마 가장 쉬운 행동이자 가장 먼저 머릿속에 떠오르는 행동일 겁니다. 통제할 수 없는 상황이나 자기 말이 옳다고 고집하는 사람 앞에서 포기하는 것도 친절한 행동입니다. 오해하지는 마세요. 포기란 타인이 당신을 함부로 대하게 내 버려 둔다는 뜻이 아닙니다. '옳음'의 미로에 갇히는 편보다는 평 화로운 편이 낫다는 뜻일 뿐입니다. 옳다는 것은 관점에 따라 늘 달라질 수 있는 문제입니다. 자신이 옳다는 것을 증명하려고 싸운 다면 평화로운 느낌을 절대 키울 수 없습니다.

사실 험악한 상황을 피하는 것이야말로 더 친절한 선택입니다. 상황도 진정시키고, 다른 소통 방법이 있다는 것도 보여주니 말입 니다. 몇 걸음 더 나아가보세요. 우리는 논쟁을 벌일 필요가 전혀 없습니다. 우리의 관점을 방어할 필요가 전혀 없습니다. 우리의 의 견을 남에게 강요할 필요가 전혀 없습니다. 의견 차이는 해결해야 하는 문제가 아닙니다. 흘려보내세요. 계속 그대로 남겨 둔다면 우 리는 마땅히 누려야 할 평화에서 멀어질 겁니다.

동요된 마음을 평온한 상태로 바꾸는 데는 노력이 거의 필요하 지 않습니다. 우선 상황에 반응하기 전에 심호흡부터 시작하세요. 그 뒤에는 신을 그 순간으로 초대하기만 하면 됩니다. 이처럼 간단 한 두 단계를 거치면 당신의 삶뿐 아니라 모든 사람의 삶에 더 많 은 평화가 찾아옵니다. 우리 한 명, 한 명이 모두 영향을 미칠 수 있 습니다. 우리의 마음이 바뀌면 세상은 바뀝니다. 한 번에 하나의 결정, 한 가지 선택만 바꾸면 됩니다.

옳지 않아도 괜찮다

앞에서도 언급한 내용이지만 잠시 더 이야기해 보겠습니다. 평화로운 사람이 될지 '옳은' 사람이 될지 선택할 기회는 아마 하루에 수백 번은 있을 겁니다. 많은 경우는 선택이 쉽지 않습니다. 어떤 쟁점에 대해 개인적인 입장이 확고하면 논쟁 중에 물러나거나 자리를 피하는 것이 포기처럼 느껴질지도 모릅니다. 하지만 관점을 바꾸면, 사실 자리를 피하는 것은 논쟁 중인 모든 사람에게 이로운 선택이라고 바라볼 수도 있습니다. 끝장을 볼 때까지 상대를 몰아붙이지 않는 편을 택한다면 양쪽 모두 자존감을 다치지 않고 자리를 떠날 수 있습니다.

우리는 자기 생각을 강요하는 데 열심인 자아 때문에, 별로 중요하게 생각하지도 않는 문제로, 안 해도 될 논쟁을 매우 격하게 벌이곤 합니다. 아무래도 어떤 논쟁이든 시작했으면 끝을 봐야 한다고 생각하도록 교육받은 모양인데, 사실 그렇지 않습니다. 논쟁을 끝까지 끌고 가지 않는 결정은 진정한 해방감을 줍니다. '상대'는 자기가 옳음을 거의 설득했다고 생각하면서 더더욱 당신의 죄책감을 건드리며 논쟁하고 싶을 수 있습니다. 하지만 당신의 그만 논쟁하겠다는 결정을 통제할 수는 없습니다. 선택권은 당신에게 있으며, 원만하게 해결될 리 없는 격한 논쟁을 계속한다면 절대로 평화를 찾지 못할 겁니다.

평화로운 관계를 향한 욕구는 나이가 들수록 더 중요해지는 것 같습니다. 나만 해도 과거에는 대개 전혀 알지도 못하는 주제를 가지고도 격한 논쟁을 숱하게 벌였지요. 당시 나는 내가 옳아야 한다는 생각에 빠져 있었고, 상대가 마침내 내 말이 옳다고 동의하기를 바라며 악착같이 항복을 받아내려고 했습니다. 생각해 보면 내 안의 불안이 옳아야 한다는 강박을 키웠던 것 같습니다. 나는 더 이상 그렇게 하고 싶지 않습니다. 이런저런 사안에 대한 의견이 없어서도, 내 인생철학에 강한 신념이 없어서도 아닙니다. (어떤 논쟁이든) 논쟁에서 이기는 것보다 마음의 평화를 지키는 것이 더 중요하기 때문입니다. 이제는 논쟁을 이어가는 데 필요한 기운과 의견 충돌에서 생기는 마음의 동요로 몸속을 채우지 않아도 괜찮습니다.

사실 더 들여다보면, 여기에는 그저 한 개인이 옳은 것보다 평화로운 것을 택하는 문제보다 훨씬 더 큰 문제가 걸려 있습니다. 우리가 평화적인 선택을 할 때마다 세상의 평화에 일조합니다. 불가능한 이야기처럼 들릴지도 모르지만, 한번 생각해 보세요. 상대에게 존중받는 느낌이 들면 그 좋은 기분을 다른 이들에게도 퍼뜨리게 되지 않던가요? 그리고 상대에게 적대감이 느껴지면 스트레스를 받아서 다음 소통에도 부정적 영향이 미치지 않던가요? 한 사람의 대응은 매번 기하급수적으로 늘어납니다. 평화적인 대응을 택하면 그 영향은 온 세상으로 퍼져나갑니다.

타인의 극적인 사건에 휘말리거나 타인을 우리의 극적인 사건에 끌어들이는 일을 멈추면, 특히 이런 일이 오래된 패턴이었을 경우 정말 굉장한 해방감이 느껴집니다. 이 한 걸음, 옳음보다 평화를 택하는 이 한 걸음을 떼려면 연습이 많이 필요하지만, 평화로운 삶과 평화로운 세상을 만드는 데 크나큰 도움이 됩니다.

의지만 있으면
변할 수 있다

의지가 있으면 마음은 변할 수 있습니다. 그저 의지면 됩니다. 의지는 강요나 통제의 뜻이 없는 참 부드러운 말입니다. 의지가 있다는 것은 새로운 상황을 예상보다 가능성의 관점에서 보려고 노력한다는 것입니다. 즉 오래된 생각이나 의견을 내려놓고 마음을 열어둘 의지가 있다는 거지요. 이런 태도를 갖추면 중요한 결정을 내릴 때도 좀 더 깊이 생각하게 됩니다.

오래된 생각이나 의견을 내려놓으려고 하면 분명히 매우 큰 저항감이 들 수 있습니다. 이제껏 행동하고 생각했던 방식은 나름대로 유용했으니까요. 우리는 그런 줄로만 알았죠. 적어도 무슨 일이 일어날지는 예상이 됐으니까요! 하지만 많은 사람이 인식하지 못하는 점이 있습니다. 새로운 관점을 취할 의지가 없다는 것은 더 높은 권능의 목소리가 관여하지 못하게 막고 있다는 점입니다. 우

188

리가 결정을 내리고, 의견을 내놓고, 타인을 인식하는 지금 이 순간에 말입니다. 과거에는 더 높은 권능의 도움을 받아 지금까지 고수하고 있는 바로 그 결정을 내렸을지 몰라도, 이제는 상황에 더맞는 새로운 관점에 자리를 내주지 않겠다고 고집하는 겁니다. 이런 일이 일어나는 이유는 자아가 오래된 생각을 장악해서 제 것으로 만든 뒤, 그것을 채찍 삼아 '우리에게 휘두르는' 경향이 있기 때문입니다.《기적수업》에 나오는 표현을 바꾸어 말하자면, 자아는가장 먼저 말하고, 가장 소리가 크며, 항상 틀립니다.

더 높은 권능의 목소리에 마음을 열려는 의지는 어디서 나올까요? 의지는 사실 늘 우리 안에 있습니다. 그저 이목을 끌지 못할 뿐입니다. 의지는 무대 옆쪽에 서서 우리가 무대 중앙으로 불러주기를 기다리고 있습니다. 의지를 앞으로 데리고 나오는 일은 사실 전혀 어렵지 않습니다. 우리가 하는 생각에 계속 주의를 기울이고, 우리의 행동이 타인의 마음을 상하지 않게 하면 되는 일입니다. 물론 자아는 아주 교활하니, 자칫하면 우리도 모르게 계획을 방해할수도 있습니다. 자아는 더 높은 권능의 목소리를 흉내 낼 수 있다고도 합니다. 그러니 누구의 목소리를 듣고 있는지 확실히 알려면마음을 고요히, 아주 고요히 해야 합니다. 기억하세요. 마음속에는두 목소리가 있으며 하나는 늘 틀립니다! 신중히 선택하세요.

매일 다시 시작할 수 있다

처음 포스터에 크고 굵은 글씨로 '하루에 하나'라고 쓰인 문구를 봤을 때가 기억나는군요. 하루에 하나. 나는 이 말이 무슨 뜻인지 짐작도 하지 못했습니다. 그러다 누군가 친절히 설명해 주는 말을 들었고, 이내 안도감이 들었습니다. 무슨 일이든 그렇지만 특히 어려운 일을 평생 해야 한다고 생각하면 얼어붙을 겁니다. 하지만 하루에 하나씩은 상상해 볼 수 있습니다. 우리가 해야 할 일은 이것뿐입니다. 나만 해도 술과 약물에 손을 대는 패턴을 평생 바꾼다고는 도저히 상상할 수 없었지만, 하루에 한 번씩 자제해 볼 수는 있겠다 싶었습니다. 그렇게 생각하니 시도할 용기가 생겨났지요.

마음과 삶을 바꿀 때도 같은 방법을 써보자고 제안하고 싶습니다. 오래된 사고나 행동 패턴을 다시는 하지 않겠다고 약속할 수 있는 사람은 거의 없습니다. 하지만 딱 하루만 약속해 보세요. 도움이 안 되는 행동과 태도, 의견을 바꾸는 일은 제법 할 만해집니다.

190

그저 결정을 내릴 때마다 우리가 이해하는 신과 매 순간 함께하면 됩니다. 신의 목소리를 기꺼이 듣고 함께하는 시간은 우리를 훨씬 더 평화롭게 합니다. 다른 이들의 삶에도 평화가 싹 틀 수 있게 도움을 줄 겁니다.

우리는 마음만 먹으면 아침에 일어날 때마다 신이 인도하는 목소리를 기꺼이 듣고 따르기로 다짐할 수 있습니다. 이렇게 다짐하면 간절히 바라는 꿈이 삶에 반영될 수 있으리라는 희망도 자라납니다. 하지만 아무리 변화할 필요성을 이해하더라도 처음부터 적극적으로 변화를 꾀하는 경우는 드뭅니다. 변화는 언제나, 적어도 얼마간은 익숙지 않을 수밖에 없습니다. 그리고 익숙하지 않은 것을 편안해하는 사람은 극히 소수죠. 그러니 때로는 저항감을 느끼기도 합니다. 그래도 괜찮습니다.

오래된 사고와 행동을 그대로 따르는 것은 말하자면 편안한 슬리퍼를 신고 걷는 것과 비슷합니다. 보통은 슬리퍼가 닳고 낡았다 해도 밑창이 떨어져도 버리고 싶지 않습니다. 그런데 사실 버릴 필요도 없습니다. 신의 목소리에 날마다 귀 기울여야 할 필요도 없습니다. 무엇을 하겠다는 의지는 자신의 몫이니 말입니다.

이렇게 목표를 세웁시다. 딱 하루만, 그것도 원할 때만 변화하려고 노력하는 겁니다. 대부분 이 정도는 할 수 있습니다. 하나의 경험에만 집중해서 변화를 이루려고 해도 됩니다. 그렇게 초점을 좁혀볼 수도 있습니다.

즉 원할 때만, 원하는 만큼만 변화해도 좋다는 겁니다. 우리를 감시하는 사람은 아무도 없습니다. 우리가 행동이나 태도, 의견을 언제, 어떻게 바꿀지 관심을 가지는 사람은 사실 아무도 없습니다. 게다가 우리가 변화했을 때 가장 많이 득을 볼 사람 또한 우리 자신입니다.

하루에 하나씩. 정말 대단한 발상이죠. 해야 할 일을 아주 조금씩 늘려간다면 못 해낼 일은 없습니다. 우리는 과거나 미래가 아닌 이 순간을 살고 있는 겁니다. 이 확신을 가지고 당장 지금부터 새로운 생각과 새로운 태도, 이에 맞는 적절한 행동으로 하루를 다시 시작할 수 있습니다. 언제 시작하든, 그때가 적당한 때입니다. 천천히, 조금씩 나아간다면 삶은 변화합니다.

지금이 시작하기
가장 좋은 때이다

아무도 혼란스러운 삶을 살고 싶어 하지 않습니다. 누군가를 늘 판단하거나 마음이 늘 동요된 상태로 사는 것을 좋아할 사람은 아무도 없습니다. 스스로 놓은 논쟁의 덫에 걸려들거나 타인에게 생각과 행동을 통제당하는 것 또한 분명히 유쾌한 일이 아닙니다. 그런데도 이 중 하나 또는 여럿에 해당하는 상태로 오랫동안 살아가는 경우가 있습니다. 행동과 마음을 바꾸기 두려워하거나 바꿀 힘이 나에게 있다는 사실을 알지 못하는 겁니다. 또 무엇을 바꾸고 싶든 간에 도움을 받을 수 있다는 사실도 깨닫지 못하기 때문입니다.

우리가 삶을 복잡하게 만들어서 그렇지, 사실 삶은 훨씬 더 단순해질 수 있습니다. 이를테면 우리는 무엇이든 혼자 하지 않아도 됩니다. 타인을 책임지지 않아도 됩니다. 우리의 삶과 마음을 포함한 다른 모든 이들의 삶을 더 높은 권능의 다정한 보살핌에 맡기면 그만입니다. 모든 경험과 기대, 관계가 달라질 겁니다. 그러면 우리의 삶은 매우 다르게 보일 겁니다.

 그 누구도 우리의 삶을 바꿀 시간표를 짜 놓지 않습니다. 더 기쁘거나 평화로운 삶을 살고 싶다면 언제 시작할지는 우리가 선택하면 됩니다. 시작하기에 지금만큼 좋은 때는 없습니다만, 그렇다고 당장 시작해야 한다는 뜻은 아닙니다. 사실 당장 하지 않아도 됩니다! 다정한 목소리는 언제까지고 우리의 초대를 기다리기 때문이지요. 마침내 삶을 바꾸고 싶어질 때가 오면 우리를 도우러 올 겁니다.

PART 13

인생을 하룻밤 만에 바꿀 수 없지만
지름길은 있다

지금까지 보았듯 이 책에는 그렇게 복잡하거나 어려운 내용이 없습니다. 익숙한 개념도 많았을 것이며, 이미 영성의 길을 가고 있다면 더더욱 그랬을 겁니다. 하지만 내 경험상으로는 내용을 돌이켜 생각해 보고, 이 길을 계속 가도록 스스로를 독려하기 위해서라도 이 강력한 메시지들을 다시 살피고 새기는 일은 굉장히 도움이 될 겁니다.

물론 그런 뒤에는 연습이 필요합니다. 아무것도 바꾸지 않으면 아무것도 바뀌지 않습니다. 그러니 이 책의 내용이 당신에게 와닿는다면 일부라도, 나중에는 전부를 삶에 적용하는 일에 전념하길 바랍니다. 기억하세요. 한 번에 크게 변하지 않아도 됩니다. 큰 변화를 건성으로 실천하기보다 작은 변화를 꾸준히 이어나가는 편이 훨씬 효과적입니다.

이 마지막 장에서는 이런 작은 변화, 한 번에 하루씩 실천할 수 있는 작은 변화를 다루겠습니다. 앞의 열두 장에서 이미 많이 나온 제언을 다시 살피면서 실천하기 쉽게 간략히 정리하려고 합니다. 아무도 인생을 하룻밤 만에 송두리째 바꿀 수 없으며 그래서도 안 됩니다. 이제는 알다시피 이 책의 가장 핵심은 그러지 않아도 된다는 겁니다. 우리는 모두 새로운 생각을 선택할 수 있고, 새로운 생각은 새로운 행동으로 이어지며 한 번에 하나의 생각, 한 가지 행동씩 바뀌어나갈 겁니다. 그렇게 우리의 삶도 바뀔 겁니다. 우리와 관계를 맺는 사람들은 분명 이 변화를 알아차릴 겁니다. 이것은 부수적인 이점입니다. 그럼 함께 살펴보죠.

타인의 감정에 흔들린다면 나를 잃을지도 몰라

타인의 일에서 벗어남은 엄청난 해방감을 주는 경험입니다. 우리는 비로소 자신만의 목표를 이룰 수 있게 됩니다. 삶의 어느 지점에서든 평화로운 삶의 원칙을 실천하는 일에 몰두할 수 있게 됩니다. 삶이 단순해지고, 신이 우리를 위해 선택한 일이자 우리가 이 세상에 오기 전에 동의한 일을 할 수 있게 됩니다.

각자의 삶을 산다는 말은 타인에게 신경을 쓰지 않고 산다는 뜻이 아닙니다. 타인을 방해하지 않는다는 뜻일 뿐입니다. 특정한 교훈을 배우기 위해 우리가 서로의 삶에 존재한다는 관점은 우리가 모든 소통에 접근한다는 뜻이기도 합니다. 모든 만남은 서로를 통제하는 것이 아니라 서로에게 도움을 줄 기회입니다. 이런 관점을 취한다면 우리는 저마다 사회적 소통에 스승이자 제자로서 접근할 수 있습니다. 하지만 타인을 통제하거나 통제하려는 의도를 갖는 것은 결코 우리의 과제가 아닙니다.

사소한 일은 사소하게

우리가 초점을 맞추는 대상은 무엇이든 몇 배로 커집니다. 문제에 초점을 맞추면 문제도 심각해집니다. 말하자면 치통을 앓을 때와 비슷합니다. 아주 사소한 문제도 자꾸 신경을 쓰다 보면 무척 크게 느껴질 수 있습니다. 하지만 선택권이 있습니다. 우리는 문제에 집중하지 않아도 됩니다. 대신 해결책에 마음을 열 수 있습니다. 이것은 중대한 관점의 변화이며, 첫 번째 단계는 의지, 즉 문제에서 초점을 옮기려는 단순한 의지를 갖는 겁니다. 이 첫 번째 단계를 밟으면 문제의 해결책으로 가는 길이 열립니다. 해결책이 나타나는 걸 보면 가끔은 정말 무서울 때도 있습니다.

사실 살면서 마주하는 중대한 '문제' 중에 인생을 위협할 만한 것은 드물죠. 대부분은 우리가 복잡하게 만들기로 선택하는 평범한 상황에 불과합니다. 우리가 반응하거나 과민하게 반응하는 습관이 작은 불씨에 기름을 부어 어느새 큰불이 되는 경우가 많습니다. 하지만 자신이 한 행동이 불길을 키웠다는 사실을 인식하고 모든 상황에서 멀찍이 물러나겠다고 결정할 의지가 있다면 불이 번지지 않게 막을 수 있습니다.

생일 파티를 계획하면서 배우자나 연인과 벌이는 사소한 실랑이를 예로 들어 보죠. 당신이 돈을 많이 들여서 깜짝 파티를 크게 열자고 끝끝내 우겨서 '이긴다면' 파티는 이미 흥이 깨질 겁니다. 이런 일이 일어났을 때 득을 보는 사람은 아무도 없습니다.

우리는 언제든 문제가 아닌 해결책에 집중하기로 선택할 수 있습니다. 문제를 얼마나 크게 만들고 싶은지 선택할 수 있습니다. 늘 해왔던 대로 행동하지 않아도 됩니다. 이 사실에 무척 놀랄 사람이 많습니다. 우리는 어떤 상황이든 빠져나올 수 있습니다. 아무 말도 하지 않거나 그저 자리를 피할 수 있습니다. 우선은 신을 삶에 맞이할 기회로 바라보는 일부터 시작하면 좋습니다. 내 말을 믿어보세요. 신에게 문제를 맡기고 해결책을 찾는 일에 몰두할 때 느껴지는 내면의 힘은 인생을 바꿔놓을 만한 겁니다.

다시 한번 당부하고 싶습니다. 삶에서 일어나는 소위 문제들은 대개 우리를 간섭하는 자아의 소행입니다. 마음속에는 자아의 목소리와 조용한 평화의 목소리가 있음을 기억하세요. 자아는 늘 가장 먼저 말하고, 시끄럽고, 늘 틀립니다. 자아는 혼란스러운 상태를 즐깁니다. 신은 평화로운 해결책 안에 존재합니다. 어떤 목소리에 귀 기울일지는 우리가 선택할 몫입니다.

기쁨은 지금 여기에 있다

우리는 결과가 아닌 노력에만 책임이 있다고 말했던 것을 기억할 겁니다. 좋은 말이기는 합니다. 하지만 문제는 해야 할 노력을 다하고 난 다음에 손을 떼기가 쉽지 않다는 점입니다. 결과가 우리의 인생, 특히 안정감에 미칠 영향 때문에 결과까지 책임지고 싶어 합니다. 하지만 기억하세요. 결과는 우리가 통제할 대상이 아니며 그랬던 적도 없습니다.

늘 통제 불가능한 결과를 책임지려고 하면 해야 할 일은 끝이 없고, 그 상황이나 사람에게서 빠져나올 수가 없습니다. 때로 매우 소모적일 뿐만 아니라 타인의 책임을 대신 지는 일이기도 합니다. 타인이 해야 할 일을 하게 놓아두세요. 우리가 해야 할 일만 하는 것만큼이나 중요합니다. 적당한 때에 손을 뗄 수 있으려면 시간과 연습이 필요하지만, 선택은 늘 우리 몫입니다.

결과를 통제하려고 할 때 마음이 과거나 미래에 가 있으면 마음이 동요되거나 불안합니다. 때때로 두 가지를 함께 느끼기도 하지만 평화를 느끼기는 어렵습니다. 매 순간 현재에 살지 않는 한 우리는 평화를 실천할 수 없습니다. 늘 곁에 있는 신의 존재를 매 순간 느끼지 않는 한 우리는 평화를 알 수 없습니다. 우리가 할 일은 이를 증명하는 겁니다.

연습을 하면 과거에 불려 가지 않는 법을 배울 수 있습니다. 미래가 손짓해도 다가가지 않는 법을 배울 수 있습니다. 앞날을 계획하는 것 자체는 나쁜 생각이 아니지만 그렇다고 미리 미래에 살라는 뜻은 아닙니다. 내려놓을 기회는 너무나 많습니다. 어떤 기회든 하나라도 연습에 활용한다면 나머지 모든 기회에서도 도움을 받을 수 있을 겁니다.

타인의 마음이 아닌
내 마음을 바꾸는 게 빠르다

"당신은 생각하는 대로 존재한다."라는 문구는 우리에게 삶을 통제할 힘이 있다는 사실을 말해줍니다. 지금까지 삶이 만족스럽지 않았다면, 우리가 해야 할 몫은 더 행복하게 살겠다고 선택하는 겁니다. 삶은 생각을 따라갑니다. 생각을 만든 책임도, 만들어진 생각에 대한 책임도 우리에게 있습니다. 우리가 품는 생각, 우리가 키우는 인식은 모두 우리 스스로 고른 겁니다. 어찌 보면 무서운 말입니다. 하지만 어떤 괴로운 생각이든 버릴 수 있다고 생각해 보세요. 우리가 선택하면 되는 문제라는 거죠. 참 좋은 소식이지요? 얼마나 마음이 후련해지는 모릅니다.

우리가 평화에 저해되는 생각은 하지 않아도 된다니, 정말 좋은 소식입니다. 덕분에 우리는 모두 사람과 상황을 만날 때마다 긍정적인 영향을 미칠 기회를 맞이할 겁니다. 우리가 하는 평화로운 생각은 우리에게 그렇듯 타인에게도 위안이 되기 때문입니다. 이렇게 질문할 사람도 있을 겁니다. 나를 억울하고 두렵고 수치심과 죄책감에 휩싸이게 하거나 분노하게 하는 타인과 나를 어떻게 분리해서 생각할 수 있느냐고 말이죠. 마치 접착제처럼 달라붙어 있는 것 같은데 말입니다. 하지만 사실 달라붙어 있는 것은 우리 자신입니다.

우리가 타인뿐만 아니라 스스로를 해치는 생각에 달라붙어 있는 이유는 이런 생각이 익숙해서입니다. 생각을 그전과 조금이라도 다르게 바꾸면 예측할 수도 대비할 수도 없는 결과가 따를까 봐 두렵고 불편한 겁니다. 하지만 우리의 삶이 어떻든 간에 생각이 바뀌면 현실은 바로 바뀝니다. 우리가 보는 그림을 바꿀 수 있는 사람은 우리뿐입니다.

우리가 마땅히 누려야 할 평화를 누리지 못하게 막는 것은 단 하나, 바로 우리가 지키고 있는 생각이 다른 생각을 선택하기를 막는 저항감뿐입니다. 인식을 바꾸는 간단한 행동으로도 우리는 세상의 평화에 크나큰 기여를 할 수 있습니다.

타인의 감정은 타인의 것

대부분 사람들은 타인이 나를 어떻게 인식하고 어떻게 대하는지에 따라 기분이 결정됩니다. 상대가 우리에게 한 행동에 경솔하게 반응하거나, 신경을 쓰며 위축되는 거지요. 하지만 상황이 어떻든 간에, 상대가 어떤 말이나 행동을 했든 간에, 우리는 두 가지 대응을 모두 자제할 수 있습니다. 존 파월의 친구 이야기를 기억하지요? 타인의 지배 아래 오랜 시간을 보냈다면 참으로 슬픈 일입니다만, 행복한 삶을 위한 시간은 아직 남아 있습니다.

행복한 삶은 자기 행동을 책임지는 것에서 시작됩니다. 타인의 변덕에 반응하는 대신 행동하는 편을 택한다는 뜻입니다. 우리가 모두 잘 알고 있듯 즉각적인 반응은 대개 문제가 됩니다. 시간을 들여서 타인과 인생을 어떻게 대할지 생각하세요. 반응하지 말고 행동하세요. 우리에게는 신의 부드러운 목소리를 들을 기회가 있으며, 이 목소리에 귀 기울이기로 선택할 때마다 반응을 자제할 수 있을 겁니다. 신의 부드러운 목소리는 우리가 다정하게 행동하고, 친절하게 말하게 돕습니다. 험악하게 치닫는 상황에서 벗어날 수 있도록 우리를 인도합니다.

반응하는 대신 행동하는 것은 생각만 바꾸면 어려운 일이 아닙니다. 늘 해왔던 대로 한다면 우리의 삶은 아무것도 바뀌지 않을 겁니다. 하지만 말을 다르게 하고 행동을 다르게 할 용기가 있다면 바꿀 수 있습니다. 선택은 늘 우리 눈앞에 놓여 있습니다.

너와 나를 구분하면 평화가 찾아온다

판단은 스스로에게는 물론 우리가 맺는 모든 관계에 독이 됩니다. 판단은 자아에서 나오며, 자아는 매우 교활하고 종잡을 수 없고 힘이 셉니다. 우리는 대부분 타인을 판단하는 일에 너무나도 익숙한 나머지 판단을 하면서도 이를 깨닫지 못할 때가 많습니다. 깨닫는다고 해도, 의견을 교환하는 과정, 상대에게 도움이 되는 상황, 또는 문제를 정리하거나 개선하려고 노력하는 중이라는 말로 정당화합니다. 자아의 이런 영악한 변명에 속지 마세요.

판단은 우리의 감정과 행동, 계획, 희망과 꿈을 독차지하려고 합니다. 타인을 판단할 때마다 우리의 삶은 작아집니다. 더 좁아집니다. 우리는 삶에 이렇게 해로운 영향을 미치는 행동을 왜 계속하는지 자문해 봐야 합니다.

판단을 하는 것은 습관이며, 이 습관은 바꿀 수 있습니다. 더 높은 권능에게 도움을 청해 보세요. 판단은 우리가 자신을 바라보는 방식과 우리를 사로잡고 있는 두려움을 반영한다는 사실을 알 수 있습니다. 자신의 결점에 대해 도움과 용서를 구하세요. 우리가 너무도 쉽게 내리는 판단에서 자유로워지는 하나의 길입니다.

우리는 판단의 해독제인 무조건적인 사랑을 느끼고 표현하는 법을 배울 수 있습니다. 신의 도움이 있다면 더더욱 그렇습니다. 우리는 타인을 판단하는 자신을 발견할 때마다 신을 마음속에 들이기로 선택할 수 있습니다. 그러면 우리의 경험과 관점은 바로 달라집니다. 감사하는 연습도 판단하는 습관에서 벗어날 수 있는 간단한 방법입니다.

모든 관계는 우리가 교훈을 위해 선택했다는 점을 기억해 보세요. 교훈과 교훈을 주는 사람을 기꺼이 받아들이면, 우리의 마음은 판단에서 사랑과 수용으로 바뀔 수 있습니다. 신과 감사와 의지와 수용을 마음의 중심에 둔다면, 우리를 판단으로 몰아넣는 두려움은, 힘을 쓰지 못합니다. 마음을 바꾸려는 의지는 살면서 겪는 모든 불화에 대한 만능 해결책입니다.

마음은 한시도 가만히 있지 않습니다! 그러니 신을 인도자로 삼고 사랑을 담아 신중하게 생각을 선택하세요.

타인의 감정을 통제하려는 의지를 내려놓자

타인을 통제하려는 시도를 내려놓음은 개인적 해방의 궁극적인 형태입니다. 물론 수년간 노력한다고 해서 쉽게 이루어지는 일은 아닙니다. 우리가 타인을 통제할 수 있다면 인생이 더 만족스러울 거라는 생각을 버리지 못하기 때문입니다. 우리 안의 두려움이 그렇게 만듭니다. 타인의 행동이 우리가 느끼는 안정감과 행복감과 직결되며, 따라서 타인의 행동을 통제하는 일에 집중할수록 더 행복해질 것이라고 여기는 거죠. 타인의 일을 내버려 두는 연습은 몇 달, 심지어 몇 년은 거쳐야 할 수도 있습니다. 충분히 연습이 된다면, 우리 인생이 안정되거나 만족스러운 이유가 타인의 행동 때문이 아니며, 그랬던 적도 없다는 사실을 알 수 있게 될 겁니다. 우리의 삶은 신의 무조건적인 사랑에 대한 인식에 비례해 안정되고 평화로워집니다.

모든 사람에게는 저마다 선택된 여정이 있습니다. 내가 상대를 통제하려고 하면 할수록 상대는 내 인생에서 빠지고 싶어 한다는 사실을 인지하세요. 통제를 내려놓는 첫 단추가 될 것입니다. 상대와 통제권 싸움을 벌일 때마다 관계는 틀어집니다. 나를 벗어나려는 상대의 욕구는 내가 집착하는 만큼 커집니다.

타인을 통제해서 내 옆에 있게 하려는 다른 이유는 불안감과 무력감을 회피하기 위해서입니다. 통제에 순순히 따르는 타인을 보며, 내 존재를 끊임없이 확인받지 않는 한 위기감을 느낍니까? 그 상태에 매몰되어서는 이 세상에 온 진짜 여정을 마치지 못합니다. 나에게 도움이 되지 않는 감정은 버려야만 하며 실제로 버릴 수 있습니다. 우리는 모두의 스승이자 제자이며, 서로를 통제하기 위해서가 아니라 서로에게 배우려고 이곳에 왔다는 사실을 기억하고 인식한다면 말입니다.

우리는 조화 속에 살아갈지 불화 속에 살아갈지 선택할 수 있습니다. 후자를 의식적으로 선택하는 사람은 거의 없을 겁니다. 하지만 평화롭지 않은 생각(타인을 통제하려는 시도는 평화롭지 않다)을 고수한다면 우리는 마땅히 누려야 할 평화를 절대로 경험할 수 없습니다. 통제를 내려놓으세요. 더 쉽고 편안한 길입니다. 이 길을 선택하지 않을 이유가 있을까요?

손가락으로 타인을 지적하면
나머지 손가락은 나를 가리킨다

삶은 생각을 반영하므로, 생각이 온통 타인에게 쏠려 있으면 우리는 수많은 기회와 교훈을 놓치고 맙니다. '공동 의존'은 이런 집착을 일컫는 대중적 용어입니다. 타인의 삶을 통해 사는 것(자신이 어떤 사람인지, 어디까지 받아들여질 수 있는지 알아내려고 타인의 일거수일투족을 살피는 것)은 외롭게 사는 길입니다. 우리가 이번 생에서 경험하겠다고 '요청한' 교훈을 얻지 못하게 막는 길이기도 합니다.

타인의 삶에 대한 집착은 자신의 목적을 성취하지 못하게 합니다. 스스로를 초라하다고 느끼게 하고, 이에 따라 집착이 자라납니다. 악순환도 이런 악순환이 없습니다.

좋은 소식은 삶을 공유하면서도 서로의 경계를 허물지 않는 일이 가능하다는 겁니다. 우리는 서로를 도우며, 함께 나란히 걸어갈 수 있습니다. 지지하고, 사랑하고, 긍정하며, '동반자 관계'에 감사할 수 있습니다. 그리고 우리가 통제할 수 있는 것에 기뻐할 수 있습니다. 우리 자신의 마음과 삶에 대한 통제, 관계에 쏟는 노력에 대한 통제, 매일 느끼기로 선택한 감사에 대한 통제, 그리고 늘 우리에게 더 평화로운 삶으로 가는 길을 보여주기 위해 기다리고 있는 신의 존재에 마음을 열기로 한 결정에 대한 통제 등에 말입니다. 이런 삶을 얻을 방법은 단 한 가지뿐입니다. 이런 삶을 추구하겠다고 선택하면 됩니다.

날마다 하나씩 실천하면 인생이 바뀐다

해를 끼치는 방식은 너무도 많습니다. 아주 사소해 보여서 극도로 주의를 기울여야 하는 것도 있습니다. 듣지 않는 일, 대꾸하지 않는 일, 눈을 마주치지 않는 일, 무시하는 일, 화를 버럭 내는 일, 그리고 아마도 가장 흔한 방식인 비판이 있습니다. 이들은 대단하지는 않더라도 분명 해를 끼칩니다. 우리의 대응 때문에 누군가 상처를 입었다면 우리는 해를 가한 겁니다. 흔히들 떠올리는 가해 유형인 언어폭력, 신체 폭력, 성폭력은 사실 우리 주변에서 늘 일어나는 가해 사례에서 아주 낮은 비율만을 차지합니다.

그리고 사실 개인 사이의 다툼은 모두에게 해를 끼칩니다. 우리는 대우받은 대로 타인을 대하는 경향이 있으므로, 우리가 행하는 해로운 행동과 반응은 몇 배로 늘어나고, 그 여파도 몇 배로 커집니다. 게다가 모든 해로운 행동은 두려움을 감추고 있습니다.

다행히도 타인의 삶에서 더 다정한 존재가 되기에 너무 늦은 때란 없습니다. 우리는 타인에게 친절하거나 변함없이 인정을 베풀고 다정하게 대하는 편을 택할 수 있습니다. 언제든지 그럴 수 있습니다. 친절하거나 다정하게 대하고 싶지 않거든 가끔은 아무 행동도 하지 않아도 됩니다. 해를 끼치는 것보다는 훨씬 더 나은 선택이지요. 하지만 가장 좋은 선택은 타인에게 해를 입히는 일을 늘 삼가는 것이며, 이것은 그리 대단한 선택이 아닙니다. 자아가 마음으로 하여금 더 나은 판단을 내리는 걸 막지 않는 이상, 타인에게 해를 끼치지 않겠다는 결심을 여러 번 반복적으로 해야 하는 것도 아닙니다. 혹시라도 자아가 마음을 장악하고 있는 상황이라면 다시 선택하면 그만입니다.

영원히 해를 끼치지 않겠다고 다짐하는 것이 무리라고 느껴진다면, 딱 하루만 해보세요. 누구라도 하루는 자기 행동을 통제할 수 있습니다. 게다가 친절을 베풀 때마다 보상이 바로 주어지니 베풀고 또 베풀어야겠다는 생각이 듭니다. 사랑과 도움을 베풀기로 선택할 때마다, 해를 가하고 싶은 기분을 누를 때마다 우리의 삶은 나아집니다. 우리는 우리의 행동을 반영한 모습이 됩니다. 사실이 그렇습니다. 타인을 향한 다정한 생각을 키우는 데 시간을 할애하는 이들은 훨씬 더 사랑이 넘치는 삶을 경험합니다.

우리는 타인을 대할 때 정도를 지키기로 선택할 수 있습니다. 상대가 어떤 행동을 하든 똑같이 갚아주지 않아도 됩니다. 오늘 하루는 무엇이든 할 수 있습니다. 오늘 하루는 신이 바라는 사람이 될 수 있습니다. 경험상 좋은 방법은 말이나 행동을 하기 전에 이렇게 자문하는 겁니다. "내가 하려는 말이나 행동이 신을 기쁘게 할까?"

달라이 라마는 우리가 이 세상에 갖는 책임을 상기시키는 훌륭하면서도 간단한 제언을 했지요. "서로 사랑하라. 서로 사랑할 수 없다면, 적어도 서로 해를 끼치지 마라."라는 그의 말은 단순하면서도 큰 울림을 줍니다. 무엇이 옳은 선택인지는 분명합니다. 당신은 옳은 선택을 할 의지가 있는가요?

쉴 새 없이 재잘대는 자아는 저 멀리

자아의 시끄러운 목소리 아래에는 신의 조용한 목소리가 있습니다. 이 조용한 목소리는 바쁘게 재잘대는 마음을 비우거나 침묵시켜야만 들을 수 있습니다. 이것은 결코 만만한 일이 아닙니다. 사람들이 보통 하루에 품는 생각은 수천 가지는 될 겁니다. 생각을 밀어내고 더 높은 권능의 조용한 목소리에 자리를 내주는 것이 늘 내키는 선택일 수는 없으며, 누군가를 응징하고 싶은 기분이라면 특히나 그렇습니다. 분노나 두려움이나 원망을 품으면 권력과 통제의 환상이 생겨서 이런 감정을 놓지 않으려는 경향이 매우 강해집니다. 비열한 생각을 모두 놓아버리고 평화와 자유를 경험하고 나서야 비로소 우리는 삶이 얼마나 다르게 느껴질 수 있는지 알게 됩니다.

자신이 한 모든 생각에 대한 책임을 받아들이다 보면 자랑스럽지 않은 순간도 옵니다. 딱 한 시간만 당신의 생각을 지켜보세요.

자아는 조용히 있는 법이 없습니다. 늘 비교하고, 대조하고, 비판하고, 논쟁하고, 원망하며, 통제하려 합니다. 누구에게도 이렇다 할 도움이 되지 않습니다. 자아의 존재 자체가 힘을 얻는 것은 우리가 가장 해로운 생각만 만들고 키우게 내버려 뒀기 때문입니다. 마찬가지로 대개 이런 생각 뒤에는 해로운 행동이 뒤따릅니다.

물론 나쁜 소식만 있지는 않습니다. 우리는 생각의 인질이 아닙니다. 어떤 생각이든 언제든지 놓아버리기로 선택할 수 있고, 그러면 삶이 바뀌는 것을 보게 될 겁니다. 우리는 어떤 생각이든 더 나은 생각과 맞바꿀 수 있으며, 평화롭고 다정한 생각은 우리에게 기운을 불어넣습니다.

양쪽 생각을 모두 경험해 보고 나면, 타인과 자신의 삶을 정말 긍정적으로 변화시키고 싶은 이들은 신의 뜻을 반영하지 않는 생각을 품기 전에 신중히 생각할 겁니다. 우리가 하는 행동은 우리에게 돌아온다는 사실을 절대로 잊어서는 안 됩니다. 그 상황을 만든 데는 우리의 책임도 있다는 것을 받아들이면 힘이 생깁니다. 우리는 마음을 바꿀 수 있으며, 그러면 인생도 따라 바뀝니다!

평화로운 생각은 평화로운 사람을 만들고, 평화로운 사람은 우리 모두에게 더 평화로운 세상을 약속합니다.

우리는 모두 연결되어 있다

나는 '모든 만남은 신성하다'는 말을 떠올릴 때마다 무척 안심이 됩니다. 신의 뜻이 무엇인지 끊임없이 혼란스러워하지 않아도 된다는 뜻이니 말입니다. 인생길에서 우연히 만나는 사람은 아무도 없으며 모든 사람은 신의 자녀라는 전제를 받아들이면 이들의 존재도 우리를 이어준 상황도 더욱 기꺼이 받아들이게 됩니다. 그렇게 받아들이면 상대를 사랑으로 대하기 어려운 상황에서도 예의를 갖출 수 있습니다. 둘 다 가능하지 않을 것 같으면 침묵을 지키면 됩니다.

다른 만남보다 더 중요한 만남이 따로 있는 건 아닙니다. 이런 생각을 받아들이면 모든 만남에 대처하는 일이 쉬워지기도 합니다. 어떤 만남은 다른 만남처럼 쉽고 즐겁고 정답게 느껴지지 않을지도 모르지만, 그렇다고 가치나 필요성이 낮은 것은 아닙니다. 모든 만남은 '미리 선택'됐으며 당신의 삶이 앞으로 어떻게 펼쳐질지에 일조합니다. 이 사실에 감사하는 마음은 저절로 생기지 않습니다. 우리가 키워야만 합니다.

사람을 만날 때마다 눈을 들여다보고 안에 있는 성령의 신성함을 알아보는 일이 정말 가능할까요? 분명 시도해볼 만한 가치가 있습니다. 사실 나는 이것이 우리가 해야 할 가장 중요한 과제이자, 세상을 더 평화롭게 만드는 데 기여하는 일이라고 믿습니다. 그리고 세상이 변화하는 동안 우리는 저마다 개인적 변화를 경험할 겁니다. 정말 이보다 더 좋을 수는 없습니다.

마음에는 두 목소리가 있으며, 하나는 항상 틀리다

지금쯤이면 마음속에는 우리의 관심을 끌려고 경합을 벌이는 두 목소리가 있으며, 하나는 늘 틀렸다는 말이 익숙할 겁니다. 하지만 우리는 거의 대부분 엉뚱한 목소리에 귀 기울이기로 선택할 때가 많습니다. 왜 그럴까요? 이 목소리가 가장 크다는 말은 이미 했습니다. 대개는 가장 익숙한 목소리기도 합니다. 내 생각에 우리는 보통 타인을 낮추면서 나를 높이고 싶은 마음이 크기 때문에 이 목소리에 귀를 기울이는 것 같습니다. 이 목소리는 우리가 타인과 분리된 존재라는 익숙한 느낌을 계속 심어줍니다. 이 목소리는 우리가 듣지 않으면 사라져버립니다. 그러니 당연히 성가시게 굴 수밖에 없습니다.

그러니 우리는 스스로에게 자문해야 합니다. 마음속에 동요와 분노, 두려움, 열등감을 품고 싶은지, 아니면 평화를 경험하고 싶은지 말입니다. 선택은 우리 몫입니다. 평화의 목소리는 우리가 알아봐 주기를 기다릴 겁니다. 평화의 목소리는 더 높은 권능의 목소리이므로, 늘 우리 곁에 있으리라고 믿어도 좋습니다. 이 목소리는 그렇게 자주 무시당하면서도 우리의 마음을 떠나지 않습니다. 우리가 결국 더 평화로운 삶을 원하리라는 것을 알고 있으며, 그때가 되면 길을 안내해 줄 겁니다.

신의 부드럽고 조용한 목소리에 귀 기울이면 인생의 모든 관계가 더 유익하고 평화로워집니다. 그리고 우리가 가꾸는 평화는 기도를 통해, 인식을 바꾸겠다는 의지를 통해 다른 이들에게 전해집니다. 물론 사람들과 의견 충돌이 있을 때, 자신이 옳아야 한다는 생각을 내려놓겠다는 결정도 강력한 도구입니다. 평화로운 기운을 주변에 전하면 우리 자신이 느끼는 평화의 수준도 올라갑니다.

누구나 알고 있듯 공격성이 담긴 행동은 언제나 더 큰 공격을 불러옵니다. 뉴스나 신문만 봐도 알 수 있는 사실이지요. 하지만 우리는 반대의 경우도 사실이라는 점을 이해하지는 못합니다. 사랑이 담긴 행동은 우리의 삶은 물론 우리와 관계를 맺는 모든 이들의 삶에도 더 큰 사랑을 불러옵니다. 사랑이 담긴 '사소한 행동' 하나는 절대 무의미하지 않습니다. 오히려 반대입니다. 우리의 삶과 세상은 사랑이 담긴 수많은 사소한 행동, 그러니까 미소나 친절한 말, 귀 기울이려는 의지처럼 단순한 행동으로 변화합니다.

더 나은 삶을 사는 방법은 그렇게 어렵지 않습니다. 이것은 더 나은 선택을 하는 문제로 되돌아가며, 우선 우리가 해야 할 가장 중요한 선택은 누구의 말에 귀 기울일지 정하는 겁니다. 우리를 쥐고 흔드는 공격적인 자아인가요, 아니면 우리를 언제든 더 높은 곳으로 인도해 줄 조용하고 현명한 목소리인가요? 많은 것을 한 번에 바꿀 필요는 없습니다. 그러라고 권하지도 않을 겁니다. 그저 마음을 바꾸겠다고 하루에 한 번 다짐하기만 하면 당신은 마땅히 누려야 할 평화로운 삶을 경험하기 시작할 겁니다. 마음이 한 번 바뀔 때 생기는 힘은 매우 큽니다. 본보기를 보일 의지가 있습니까?

이제 이 멋진 경험을 마무리할 때가 된 것 같습니다. 이 책을 쓰면서 나는 마음이 너무나 풍요로워졌습니다. 원래 늘 그렇습니다. 그동안 얻은 약간의 지혜를 타인과 나눌 때마다 나의 삶이 나아졌습니다. 평화적인 대응을 한 번에 하나씩 하며 평화롭게 살겠다고 선택하면서 전혀 상상할 수 없던 균형감과 자유를 얻었습니다. 내가 배운 것을 당신과 나눌 수 있어서 무척 기쁩니다.

나는 나이가 들수록 내 말이 옳다는 것을 증명하고 싶은 마음이 별로 들지 않습니다. 내가 옳아야 한다는 생각보다 내려놓고 행복해지고 싶은 마음이 더 큽니다. 어쩌면 나이를 먹으면서 다들 겪는 일인지도 모르겠지요. 내가 타인을 대신해서 말할 수는 없습니다. 하지만 주변 사람을 더 평화롭게 대할수록 내가 사랑받을 가능성이 더 높아진다는 것은 압니다. 이것이야말로 우리가 모두 진정으로 추구하는 것이 아닌가요? 나는 이렇게 생각하며, 어디서나 본보기가 되려고 합니다.

당신이 마땅히 누려야 할 평화를 찾길, 작은 마음의 변화로도 당신의 삶은 틀림없이 바뀌리라는 사실을 기억하길 바랍니다. 한번 시작해 보세요.

옮긴이 **방수연**

대학에서 정치외교학을 전공하고 기업에서 일했다. 꾸준히 읽고 쓰는 사람이 되고 싶어 번역을
시작했다. 현재 '바른번역'에서 전문 번역가로 활동하고 있다. 옮긴 책으로 《이코노미스트 2023
세계대전망》(공역)이 있다.

타인의 감정이 나를 지배하지 않도록

초판 1쇄 발행 2023년 10월 17일

지은이 캐런 케이시
펴낸이 정덕식, 김재현
펴낸곳 (주)센시오

출판등록 2009년 10월 14일 제300-2009-126호
주소 서울특별시 마포구 성암로 189, 1711호
전화 02-734-0981
팩스 02-333-0081
메일 sensio@sensiobook.com

책임 편집 김지숙
디자인 Designplug

ISBN 979-11-6657-123-7 (03190)

소중한 원고를 기다립니다. sensio@sensiobook.com